अंटार्कटिका

अंटार्कटिका

भारत की हिमानी महाद्वीप के लिए यात्रा

एस. ज़ेड. कासिम

दीनबन्धु साहू

अनुवाद

शुभ्रता मिश्रा

बहुवचन

नियोगी बुक्स

An imprint of Niyogi Books

प्रकाशक

नियोगी बुक्स

ब्लॉक-डी, बिल्डिंग नं. 77
ओखला औद्योगिक क्षेत्र, फेज़-1
नई दिल्ली-110020, भारत
दूरभाष: 91-11-26816301, 26818960
ईमेल: niyogibooks@gmail.com
www.niyogibooksindia.com

डिज़ाइनः शशि भूषण प्रसाद

ISBN: 978-93-86906-57-1
प्रकाशन वर्षः 2019

मुद्रकः नियोगी ऑफसेट प्राईवेट लिमिटेड, नई दिल्ली, भारत

भारत के अंटार्कटिक कार्यक्रम की
प्रथम स्वप्नदृष्टा भारत की
भूतपूर्व प्रधानमंत्री स्वर्गीय
श्रीमती इन्दिरा गाँधी को समर्पित

© Mike Usher

"निःसंदेह यह एक रोमांचित कर देने वाला समाचार है कि हमारा भारतीय अभियान अंटार्कटिका की धरती पर अपना कदम रख चुका है। मेरी बहुप्रतीक्षित अभिलाषा पूर्ण हुई----------इस अभिनव क्षेत्र में हमारी गहरी अभिरुचि है और इसकी एक जीवंत महत्ता भी है। यह हमें विज्ञान की महानतम सफलता के शिखर की ओर ले जाएगा।"

इन्दिरा गाँधी

तत्कालीन प्रधानमंत्री, भारत

पृष्ठ 1: हिमानी महाद्वीप की ओर अग्रसर

पृष्ठ 2-3: शाही टकटकी: क्या यह मनःस्थिति निरीक्षण की है अथवा अन्तर्दर्शन की?

पृष्ठ 4-5: अंटार्कटिका में पेंग्विनः हिम पर जीवन? एक विशाल दल, सभी कौतुक व उल्लास से भरे!

पृष्ठ 6-7: हिमभंजनः हिमाच्छादित दक्षिणी महासागर को काटते हुए अंटार्कटिका में प्रवेश

नीचे: सावधानः मैं आप पर नजर रखे हुए हूँ!
मेरे घर को नष्ट मत करना।

विषय-सूची

भविष्य के लिए ताजा जल!
अंटार्कटिका का हिममग्नतट

आमुख

प्रस्तुत पुस्तक एक यात्रा, एक मिशन, एक पहल, एक चुनौती, एक अपूर्व अनुभव, एक सुखद स्वप्न और अंततः विश्व बिरादरी के समक्ष भारत की वैज्ञानिक क्षमताओं के उपस्थापन हेतु उठाए गए सशक्त कदमों से अवगत कराती है । यह विश्व के दूरस्थ एकांत भाग, जहाँ पहुँच पाने के विषय में सोच पाना भी कभी असम्भव जान पड़ता था, की वास्तविक भौतिक रूप से की गई यात्रा है। इसमें न केवल हमारा यात्रा वृत्तांत है, बल्कि इसके माध्यम से भारत के ध्रुवीय अनुसंधान कार्यक्रम की नींव स्थापित किए जाने से लेकर भारत की अंटार्कटिका यात्रा का वर्णन भी किया गया है ।

भारत ने दिसम्बर 1981 में अपने प्रथम अंटार्कटिक वैज्ञानिक अभियान का शुभारम्भ किया था। अंटार्कटिका में वैज्ञानिक अभियान को भेजना वास्तव में भारत की तत्कालीन प्रधानमंत्री श्रीमती इन्दिरा गाँधी की सर्वप्रथम हार्दिक अभिलाषा थी, क्योंकि उनकी विज्ञान में गहरी अभिरुचि थी। तीस से भी अधिक वर्ष गुजर चुके हैं और अंटार्कटिका के लिए अनेक अभियान सफलतापूर्वक भेजे जा चुके हैं। यद्यपि भारत को अनेक महत्वपूर्ण उपलब्धियाँ हासिल हुई हैं, तथापि अंटार्कटिक कार्यक्रमों की उनके रचनात्मक वर्षों के दौरान हुईं शुरुआतों से सम्बद्ध प्रत्यक्षदर्शी जानकारियाँ उपलब्ध नहीं हैं। प्रस्तुत पुस्तक न केवल इस रहस्यमय महाद्वीप के प्राकृतिक सौन्दर्य के वर्णन से अभिभूत करती है, बल्कि दो विभिन्न व्यक्तित्वों के प्रत्यक्ष अनुभवों से भी अवगत कराती है, जिनमें से एक भारतीय अंटार्कटिक कार्यक्रम के नेता व प्रवर्तक हैं एवं दूसरे एक विद्यार्थी रहे हैं, जिन्होंने इस निर्जन महाद्वीप के लिए की गई प्रथम समुद्रीयात्रा को प्रत्यक्ष अनुभूत किया है ।

एस. ज़ेड कासिम

दीनबन्धु साहू

नीचेः पेंग्विनें: अंटार्कटिका के मूल नागरिक

प्रस्तावना

पाँच करोड़ वर्ष पूर्व अंटार्कटिका उष्ण जलवायु, सदाबहार वनों तथा विभिन्न प्रकार के अनेक जीव-जन्तुओं से युक्त एक महाद्वीप था, परन्तु आज यह सातवाँ महाद्वीप एक श्वेत मरुस्थल है और विश्व का विशालतम बंजरभूमि क्षेत्र है।

© Mike Usher

अंटार्कटिका महाद्वीप भविष्य का दर्पण है। यह साहसिक कार्यो, अन्वेषणों, पर्यटन के लिए एक सटीक स्थल है एवं विज्ञान हेतु एक प्राकृतिक प्रयोगशाला है, साथ ही अपने विपुल रहस्यों से परिपूर्ण एक अप्रतिम भूखण्ड है। इसकी अद्वितीय जलवायु, वायु प्रवृत्ति, जल के तीनों रूपों यथा बर्फ, जल व वाष्प के मध्य अन्तर्क्रिया, लघु तरंग युक्त सौर विकिरण, श्वेत-धवल परिस्थितियाँ तथा सर्वाधिक असामान्य मौसमी प्रवृत्तियाँ वैज्ञानिकों के लिए वृहत् चुनौतियाँ प्रस्तुत करती हैं। वह क्या है, जो अंटार्कटिका की ओर सम्मोहित करता है? क्यों अंटार्कटिका में परिमित शीतलता है और क्यों पृथ्वी के इस दूरस्थ कोने में इतना अधिक हिम संचयन हुआ है? इसके चारों ओर के महासागरों में बिछे विशाल हिमचादर, इसके वातावरण और भूमण्डलीय जलवायु पर इसके प्रभाव के पीछे क्या कारण हो सकते हैं? हिम के अंदर क्या भण्डारित है और हिम में उपस्थित गैसों व अन्य पदार्थो की विशाल मात्रा भूतकाल के विषय में क्या प्रकट करती है? इस तरह के प्रश्न भले ही साधारण से प्रतीत होते हों, परन्तु उनके उत्तर निश्चय ही अत्यधिक जटिल हैं तथा उनको समझने के लिए उच्च स्तरीय वैज्ञानिक क्षमताओं को विकसित करना अत्यावश्यक है। इसके अलावा, अंटार्कटिका से सम्बद्ध विविध घटनाओं को समझने के लिए उत्कृष्ट श्रेणी की गुणवत्ता वाले उपकरणों व मानवीय तितिक्षा की आवश्यकता है, अंटार्कटिका जैसे महाद्वीप में भविष्य में प्रयोगों के सम्पादन हेतु क्षमताओं और मूलभूत सुविधाओं को निर्मित करना अपने आप में एक अपरिमित वैज्ञानिक चुनौती है।

पृथ्वी का सातवाँ महाद्वीप-अंटार्कटिका, अपनी अतिशीतता, अतिशुष्कता, अतिप्रचण्डता, अतिवातता तथा अन्य समस्त महाद्वीपों की तुलना में अपनी अत्यधिक अगम्यता के लिए जाना जाता है। सामान्य तौर पर यह महाद्वीप 'श्वेत मरुस्थल' अथवा 'हिमझंझावातों का गृह' या 'पेंग्विन भूमि' या 'हिमीय महाद्वीप' या 'दक्षिणी महाद्वीप' या 'विश्व का विशालतम प्रशीतित्र' नामों से प्रसिद्ध है। यह न केवल रहस्यों व विस्मयों की भूमि है, बल्कि पृथ्वी की अंतिम विशाल बंजरभूमि भी है। हिम का विशाल विस्तार, प्रचण्ड जलवायविक परिस्थितियाँ तथा भूमण्डल के अन्य भागों

अंटार्कटिका - पृथ्वी का सातवाँ महाद्वीप सामान्यतया 'श्वेत मरुस्थल' के नाम से प्रसिद्ध रहस्य व आश्चर्य की भूमि है। हिम का विशाल विस्तार, प्रचण्ड जलवायविक परिस्थितियाँ तथा भूमण्डल के अन्य भागों से इसकी दूरस्थ एकांतता वस्तुतः इसे एक 'अन्य विश्व' के रूप में निरूपित करती है।

अंटार्कटिका के मार्ग परः हिमशिलाखण्ड में से होकर जाते हुए जलयान का एक दृश्य

से इसकी दूरस्थ एकांतता वस्तुतः इसे एक 'अन्य विश्व' के रूप में निरूपित करती है। चरमताओं के इस महाद्वीप में लगभग छः माह तक निरन्तर दिन व छः माह तक निरन्तर रात्रि रहती है, इसका न्यूनतम -89.6^{0} सेंटीग्रेड तापमान और हिमझंझावातों के दौरान 190 किलोमीटर प्रति घण्टे की वायुगतियाँ ही इस महाद्वीप को पृथ्वी का अद्वितीय स्थल बनाती हैं।

यह पृथ्वी का अंतिम अग्रांश, सर्वाधिक अगम्य तथा आज के विश्व का अल्पतम अन्वेषित भाग है। चरमोत्कर्षों व रहस्यों का महाद्वीप, अंटार्कटिका विश्व के अन्य समस्त भागों से पूर्णतया भिन्न है। अभियान के उन प्रारम्भिक वर्षों में अंटार्कटिका जाना अंतरिक्ष पर जाने जैसा था। दूसरे शब्दों में, आप कह सकते हैं कि स्वर्ग या नरक में जाने जैसा था क्योंकि यह उस रहस्यमय महाद्वीप की यात्रा के दौरान अनुभूत किए गए आपके अनुभवों पर निर्भर है। यह समस्त महाद्वीपों में सर्वाधिक शुष्क है और इसलिए इसे 'शीत मरुस्थल' भी कहा जाता है, जहाँ विश्व के ताजे जल का

पोलर सर्किलः प्रथम भारतीय अभियान का हिमभंजक जलयान

लगभग 90% भाग बर्फ के रूप में भण्डारित है। यद्यपि यह पाँचवां सबसे बड़ा महाद्वीप है, जिसका सबसे विशाल स्थायी निवासी एक पंखरहित मक्षिका है, फिर भी अंटार्कटिका को 'पैंग्विन भूमि' के रूप में जाना जाता है। यद्यपि इसका क्षेत्रफल एक करोड़ चालीस लाख वर्ग किलोमीटर (भारत और चीन को मिलाकर बने क्षेत्र से भी अधिक विशाल) है, तथापि यहाँ ग्रीष्मकाल के दौरान मात्र 2000-3000 लोग और चरम शीतकाल के दौरान मात्र लगभग 1000 लोग ही रहते हैं। यह समस्त अन्य छः महाद्वीपों की तुलना में सर्वाधिक अगम्य स्थल है। महाद्वीप का 98% से भी अधिक भाग हिमाच्छादित है। यह आर्कटिक से भिन्न है, जहाँ लोग भोजन प्राप्त कर सकते हैं, और जहाँ हजारों वर्षों से आर्कटिक में निवास कर रहे एस्किमों की जनसंख्या है। दूसरी ओर, अंटार्कटिका देशज मानवीय आवासों से पूर्णतया रहित है।

अंटार्कटिका में औसत माध्य तापमान -35^0 सेंटीग्रेड है तथा न्यूनतम अभिलेखित तापमान -89.6^0 सेंटीग्रेड है। वायु निर्घात 300 किलोमीटर प्रति घण्टे की गति से भी अधिक हो सकता है। यदि वायु शीतकारक को भी जोड़ दिया जाए, तो तापमान अचानक -100^0 सेंटीग्रेड से भी नीचे पहुँच सकता है। यद्यपि इसके हिम-शिखरों में विशालतम हिम संचयन है, फिर भी यहाँ का औसत हिमपात मात्र 50 मिलीमीटर प्रति वर्ष ही है, क्योंकि यहाँ की हवा अत्यधिक शुष्क है। वर्तमान में अंटार्कटिका चरमोत्कर्षों का एक स्थल है।

इस दूरस्थ एकांत, विविक्त तथा चरम महाद्वीप के लिए भारत की यात्रा की शुरुआत ज्ञान की खोज तथा इसके रहस्योद्‌घाटनों के उद्देश्य के साथ की गई थी। प्रथम भारतीय अंटार्कटिक वैज्ञानिक अभियान का प्रारम्भ 6 दिसम्बर, 1981 को अन्तर्राष्ट्रीय स्तर के ख्यातिलब्ध समुद्रवैज्ञानिक डॉ. एस. ज़ेड कासिम के नेतृत्व में किया गया था। तब से अब तक भारत प्रतिवर्ष अपना अंटार्कटिक अभियान भेजता आया है। वर्ष 1987 में प्रथम बार, भारतीय विश्वविद्यालय के शोधार्थी, दीनबन्धु साहू, जो इस पुस्तक के सह-लेखक हैं, अंटार्कटिका की यात्रा पर गए थे। जब आप इस पुस्तक को पढ़ेंगे, तब आप दो भिन्न व्यक्तित्वों, यथा एक नेता व एक शोधार्थी के दृष्टिकोणों से इस महाद्वीप के विषय में अधिकाधिक जानकारियाँ हासिल कर पाएँगे।

© Mike Usher

चारों ओर से बर्फ से जमे महासागर में प्रवाहमय हिम-शिलाखण्डों से टूटकर बिखरे हिम के विशाल खण्डों से परिपूर्ण अंटार्कटिका का एक सामान्य दृश्य ही इसे असामान्य विलक्षण चित्रमय रूप प्रदान करता है। हिमाच्छादित दक्षिणी- महासागर इस भूमिचित्र के प्राकृतिक सौन्दर्य में श्रीवृद्धि करता है। यह शीत, तथापि अद्वितीय सौन्दर्यमय परिदृश्य बार-बार आगमन हेतु आपको अपनी ओर आकृष्ट करता है।

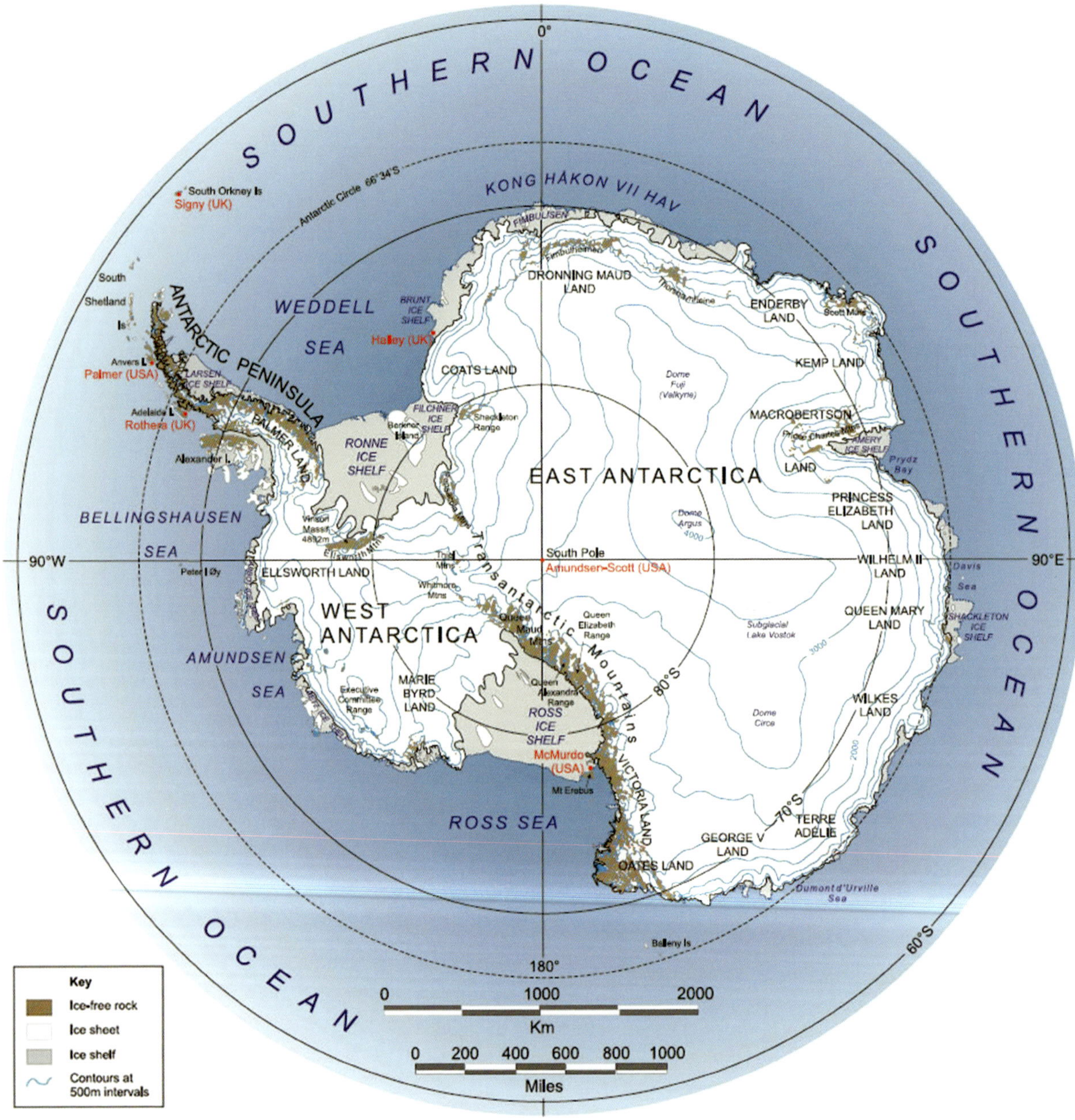

SOUTHERN OCEAN
0°
90°W
90°E
180°
60°S
70°S
80°S
Antarctic Circle 66°34'S
KONG HÅKON VII HAV
WEDDELL SEA
BELLINGSHAUSEN SEA
AMUNDSEN SEA
ROSS SEA
South Orkney Is
Signy (UK)
South Shetland Is
Anvers I.
Palmer (USA)
Adelaide I.
Rothera (UK)
Alexander I.
Peter I Øy
ANTARCTIC PENINSULA
PALMER LAND
LARSEN ICE SHELF
RONNE ICE SHELF
FILCHNER ICE SHELF
Berkner Island
BRUNT ICE SHELF
Halley (UK)
COATS LAND
Shackleton Range
FIMBULISEN
DRONNING MAUD LAND
ENDERBY LAND
KEMP LAND
MACROBERTSON LAND
AMERY ICE SHELF
Prydz Bay
PRINCESS ELIZABETH LAND
WILHELM II LAND
Davis Sea
QUEEN MARY LAND
SHACKLETON ICE SHELF
WILKES LAND
TERRE ADÉLIE
GEORGE V LAND
OATES LAND
Dumont d'Urville Sea
Balleny Is
Dome Fuji (Valkyrie)
Dome Argus
EAST ANTARCTICA
South Pole
Amundsen-Scott (USA)
Subglacial Lake Vostok
Dome Circe
Transantarctic Mountains
Queen Elizabeth Range
Queen Maud Mtns
Queen Alexandra Range
VICTORIA LAND
ROSS ICE SHELF
McMurdo (USA)
Mt Erebus
WEST ANTARCTICA
ELLSWORTH LAND
Vinson Massif 4892m
Ellsworth Mtns
Whitmore Mtns
MARIE BYRD LAND
Executive Committee Range
Key
Ice-free rock
Ice sheet
Ice shelf
Contours at 500m intervals
0
1000
2000
Km
0
200
400
600
800
1000
Miles

स्थलाकृति

अंटार्कटिका एक द्वीपीय महाद्वीप है, जो लगभग दक्षिण ध्रुव के केंद्र पर स्थित है। इसकी तटरेखा परिधि में लगभग 14,000 मील है। यह एक स्पन्दमान महाद्वीप है। शीतकाल के दौरान, इसके हिमशिखरों सहित, अंटार्कटिका लगभग 4500 किलोमीटर (2800 मील) की परिधि और 1 करोड़ 40 लाख वर्ग किलोमीटर (54 लाख वर्ग मील) क्षेत्रफल के हिमीय वृत्त द्वारा आच्छादित रहता है। यदि अंटार्कटिका से समस्त बर्फ हटा दी जाए तो बर्फ के नीचे की भूमि आधी रह जाएगी जो मात्र 70 लाख वर्ग किलोमीटर (27 लाख वर्ग मील) होगी। यह संयुक्त राज्य अमेरिका और यूरोप को मिलाकर बने क्षेत्र से भी अधिक होगा, परन्तु आधे अफ्रीका व दुगने ऑस्ट्रेलिया से कम होगा। महाद्वीप के चारों ओर का जमा हुआ महासागर दक्षिणी महासागर अथवा अंटार्कटिक महासागर के नाम से जाना जाता है। अंटार्कटिक शीतकाल के दौरान दक्षिणी महासागर बर्फ से जम जाता है। इसका लगभग 1 करोड़ 90 लाख वर्ग किलोमीटर क्षेत्र हिमाच्छादित रहता है, जबकि चरम ग्रीष्मकाल के अंत तक समुद्री हिम घटकर लगभग 26 लाख 50 हजार वर्ग किलोमीटर क्षेत्र तक ही रह जाता है। अंटार्कटिका भौगोलिक व भूवैज्ञानिक दृष्टि से दो प्राकृतिक प्रदेशों में विभाजित है:

1. लघु अंटार्कटिका या पश्चिमी अंटार्कटिका, जो भूवैज्ञानिक रूप से एण्डीन प्रदेश के नाम से जाना जाता है।
2. वृहत् अंटार्कटिका या पूर्वी अंटार्कटिका, जो भूवैज्ञानिक रूप से गोंडवाना प्रदेश कहा जाता है।

पूर्वी अंटार्कटिका आकार में पश्चिमी अंटार्कटिका से दोगुना है और भूवैज्ञानिक दृष्टिकोण से अतिप्राचीन है।

अंटार्कटिका पूर्व अधिमहाद्वीपीय गोंडवानालैण्ड, जो 16 करोड़ वर्षों पूर्व अनेक खण्डों में विभक्त होना प्रारम्भ हुआ था, के विभक्त खण्डों में से एक खण्ड है। दूसरे शब्दों में, एक समय था जबकि भारत, ऑस्ट्रेलिया, न्यूज़ीलैण्ड, दक्षिण अमेरिका

सामने के पृष्ठ परः
पराअंटार्कटिक पर्वत, पश्चिमी अंटार्कटिका, पूर्वी अंटार्कटिका

ANTARCTICA

A NEW AGE OF EXPLORATION

NATIONAL GEOGRAPHIC

Extremes of climate and terrain found on no other continent confront all who venture to Antarctica. Almost a century ago iron men named Amundsen, Shackleton, and Scott raced exhaustion, starvation, frostbite, and each other to the South Pole. Planting Norway's flag, Amundsen won. Today's goal is knowledge: Satellite and ground-based observations help scientists understand the continent and its global climate impacts. The scope and detail achieved by Radarsat's recent Antarctic mapping missions "was once unimaginable," according to Ghassem Asrar, NASA's associate administrator for earth science. "Scientists and engineers have literally created new ways to see the remotest reaches of the planet."

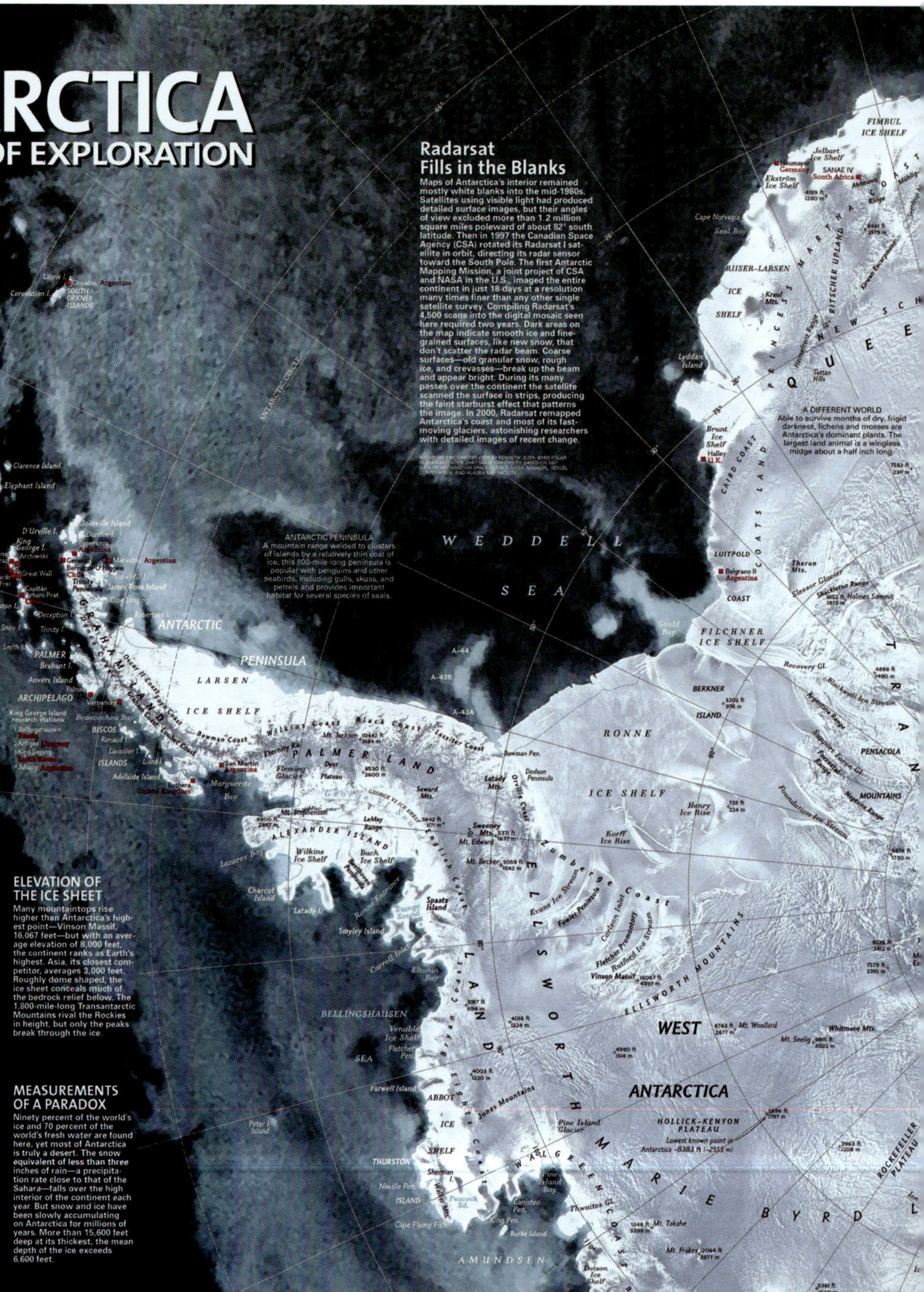

Radarsat Fills in the Blanks

Maps of Antarctica's interior remained mostly white blanks into the mid-1980s. Satellites using visible light had produced detailed surface images, but their angles of view excluded more than 1.2 million square miles poleward of about 82° south latitude. Then in 1997 the Canadian Space Agency (CSA) rotated its Radarsat I satellite in orbit, directing its radar sensor toward the South Pole. The first Antarctic Mapping Mission, a joint project of CSA and NASA in the U.S., imaged the entire continent in just 18 days at a resolution many times finer than any other single satellite survey. Compiling Radarsat's 4,500 scans into the digital mosaic seen here required two years. Dark areas on the map indicate smooth ice and fine-grained surfaces, like new snow, that don't scatter the radar beam. Coarse surfaces—old granular snow, rough ice, and crevasses—break up the beam and appear bright. During its many passes over the continent the satellite scanned the surface in strips, producing the faint starburst effect that patterns the image. In 2000, Radarsat remapped Antarctica's coast and most of its fast-moving glaciers, astonishing researchers with detailed images of recent change.

ANTARCTIC PENINSULA
A mountain range welded to clusters of islands by a relatively thin coat of ice, this 800-mile-long peninsula is popular with penguins and other seabirds, including gulls, skuas, and petrels and provides important habitat for several species of seals.

A DIFFERENT WORLD
Able to survive months of dry, frigid darkness, lichens and mosses are Antarctica's dominant plants. The largest land animal is a wingless midge about a half inch long.

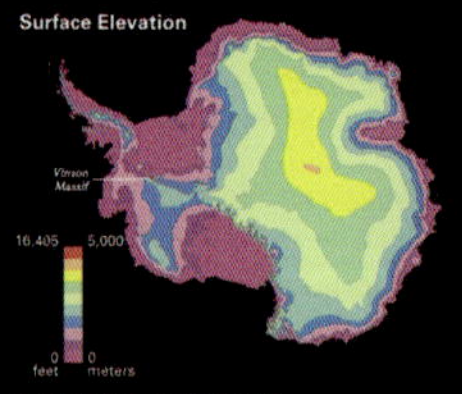

ELEVATION OF THE ICE SHEET

Many mountaintops rise higher than Antarctica's highest point—Vinson Massif, 16,067 feet—but with an average elevation of 8,000 feet, the continent ranks as Earth's highest. Asia, its closest competitor, averages 3,000 feet. Roughly dome shaped, the ice sheet conceals much of the bedrock relief below. The 1,800-mile-long Transantarctic Mountains rival the Rockies in height, but only the peaks break through the ice.

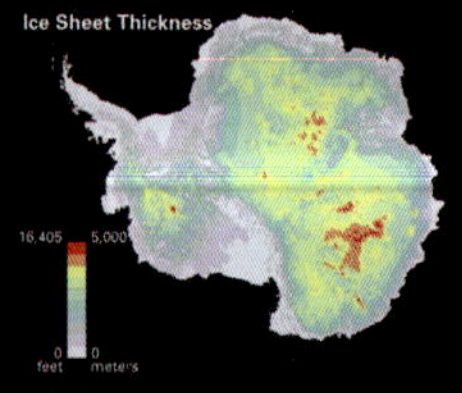

MEASUREMENTS OF A PARADOX

Ninety percent of the world's ice and 70 percent of the world's fresh water are found here, yet most of Antarctica is truly a desert. The snow equivalent of less than three inches of rain—a precipitation rate close to that of the Sahara—falls over the high interior of the continent each year. But snow and ice have been slowly accumulating on Antarctica for millions of years. More than 15,600 feet deep at its thickest, the mean depth of the ice exceeds 6,600 feet.

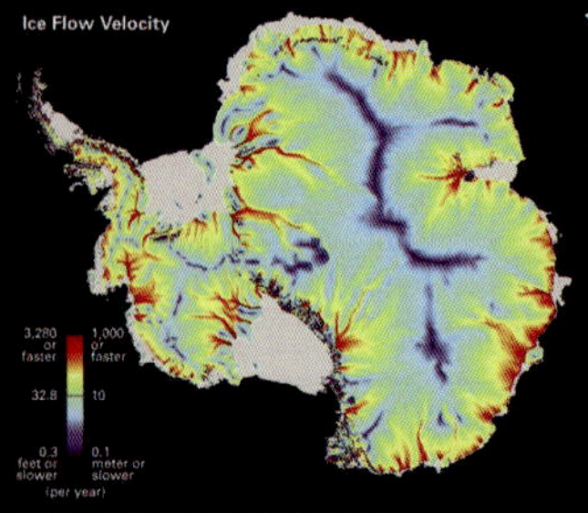

◀ICE ON THE MOVE

Glaciologists once thought that ice motion in Antarctica's interior was slow and relatively uniform, with just a few fast-moving outlet glaciers and ice streams drawing ice from the interior down to the sea. A computer model based on new satellite data suggests a more intricate ice-movement pattern (left). Like rivers, coastal ice flows appear to be fed by complex systems of tributaries that penetrate hundreds of miles into major drainage basins.

ULTIMATE WINDS▶

Katabatic winds—cold air pouring down glacial slopes—often blow at 80 miles an hour and can exceed 180 miles an hour. Offshore, circumpolar winds and currents push against sea ice that rings Antarctica each winter, driving the frozen ocean counterclockwise around the continent.

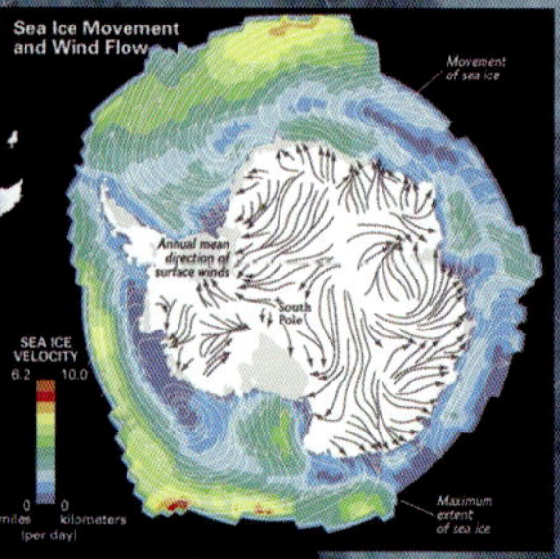

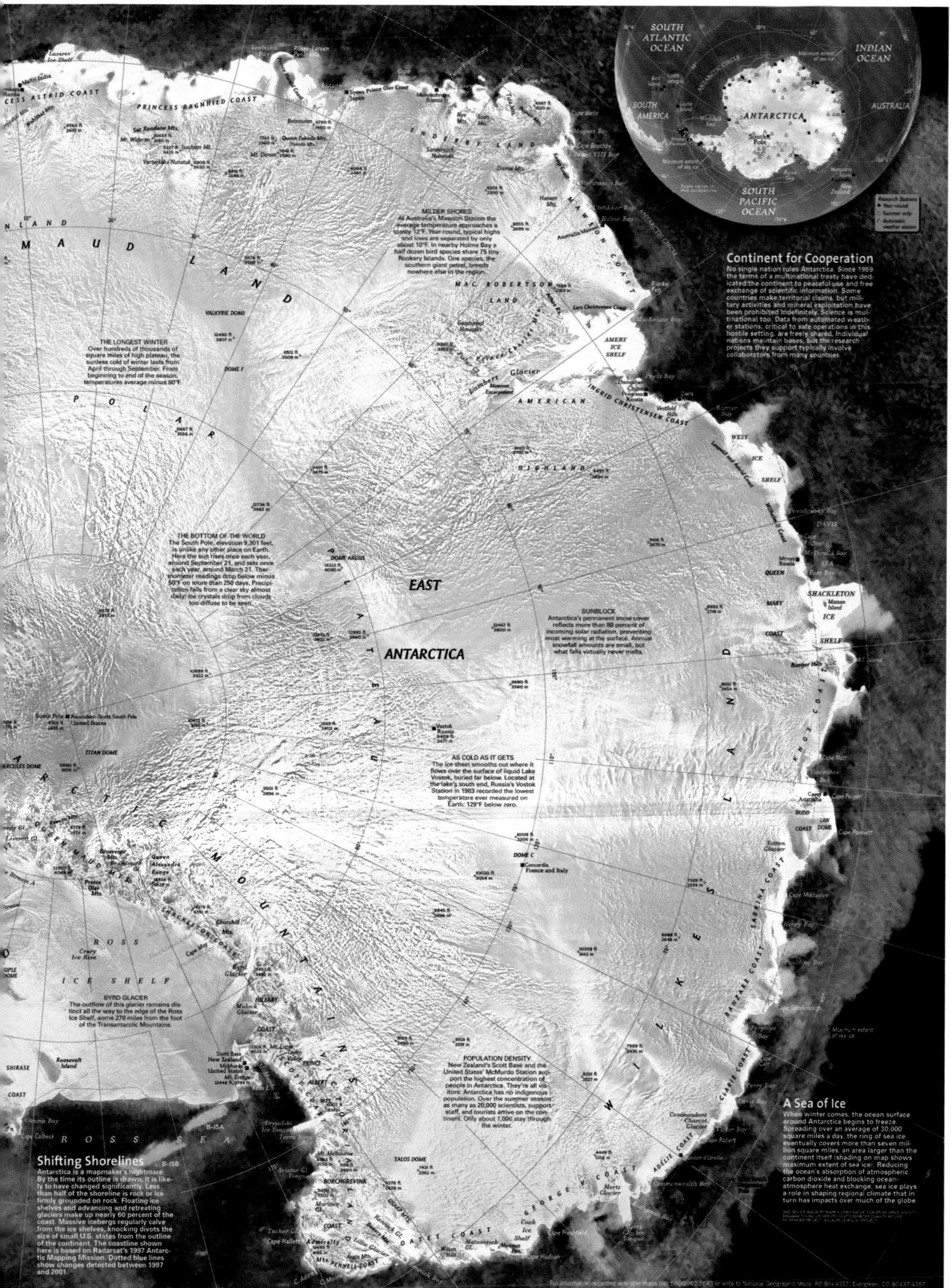

SOUTH ATLANTIC OCEAN
INDIAN OCEAN
SOUTH AMERICA
ANTARCTICA
AUSTRALIA
South Pole
SOUTH PACIFIC OCEAN
New Zealand
PRINCESS RAGNHILD COAST
ENDERBY LAND
MAUD LAND
MAC. ROBERTSON LAND
MAWSON COAST
AMERY ICE SHELF
Lambert Glacier
AMERICAN HIGHLAND
INGRID CHRISTENSEN COAST
WEST ICE SHELF
DAVIS SEA
QUEEN MARY COAST
SHACKLETON ICE SHELF
KNOX COAST
BUDD COAST
SABRINA COAST
BANZARE COAST
CLARIE COAST
ADÉLIE COAST
GEORGE V COAST
OATES COAST
WILKES LAND
POLAR PLATEAU
EAST ANTARCTICA
TRANSANTARCTIC MOUNTAINS
VICTORIA LAND
ROSS ICE SHELF
ROSS SEA
SHACKLETON COAST
HILLARY COAST
SCOTT COAST
BORCHGREVINK COAST
VALKYRIE DOME
DOME F
DOME ARGUS
DOME C
TITAN DOME
TALOS DOME
South Pole ■ Amundsen-Scott South Pole United States
Vostok Russia
Concordia France and Italy
Scott Base New Zealand
McMurdo United States
MILDER SHORES
At Australia's Mawson Station the average temperature approaches a toasty 12°F. Year-round, typical highs and lows are separated by only about 10°F. In nearby Holme Bay a half dozen bird species share 75 tiny Rookery Islands. One species, the southern giant petrel, breeds nowhere else in the region.
THE LONGEST WINTER
Over hundreds of thousands of square miles of high plateau, the sunless cold of winter lasts from April through September. From beginning to end of the season, temperatures average minus 80°F.
THE BOTTOM OF THE WORLD
The South Pole, elevation 9,301 feet, is unlike any other place on Earth. Here the sun rises once each year, around September 21, and sets once each year, around March 21. Thermometer readings drop below minus 50°F on more than 250 days. Precipitation falls from a clear sky almost daily: Ice crystals drop from clouds too diffuse to be seen.
SUNBLOCK
Antarctica's permanent snow cover reflects more than 80 percent of incoming solar radiation, preventing most warming at the surface. Annual snowfall amounts are small, but what falls virtually never melts.
AS COLD AS IT GETS
The ice sheet smooths out where it flows over the surface of liquid Lake Vostok, buried far below. Located at the lake's south end, Russia's Vostok Station in 1983 recorded the lowest temperature ever measured on Earth: 129°F below zero.
BYRD GLACIER
The outflow of this glacier remains distinct all the way to the edge of the Ross Ice Shelf, some 270 miles from the foot of the Transantarctic Mountains.
POPULATION DENSITY
New Zealand's Scott Base and the United States' McMurdo Station support the highest concentration of people in Antarctica. They're all visitors: Antarctica has no indigenous population. Over the summer season as many as 20,000 scientists, support staff, and tourists arrive on the continent. Only about 1,000 stay through the winter.
Continent for Cooperation
No single nation rules Antarctica. Since 1959 the terms of a multinational treaty have dedicated the continent to peaceful use and free exchange of scientific information. Some countries make territorial claims, but military activities and mineral exploitation have been prohibited indefinitely. Science is multinational too. Data from automated weather stations, critical to safe operations in this hostile setting, are freely shared. Individual nations maintain bases, but the research projects they support typically involve collaborators from many countries.
A Sea of Ice
When winter comes, the ocean surface around Antarctica begins to freeze. Spreading over an average of 30,000 square miles a day, the ring of sea ice eventually covers more than seven million square miles, an area larger than the continent itself (shading on map shows maximum extent of sea ice). Reducing the ocean's absorption of atmospheric carbon dioxide and blocking ocean-atmosphere heat exchange, sea ice plays a role in shaping regional climate that in turn has impacts over much of the globe.
Shifting Shorelines
Antarctica is a mapmaker's nightmare: By the time its outline is drawn, it is likely to have changed significantly. Less than half of the shoreline is rock or ice firmly grounded on rock. Floating ice shelves and advancing and retreating glaciers make up nearly 60 percent of the coast. Massive icebergs regularly calve from the ice shelves, knocking divots the size of small U.S. states from the outline of the continent. The coastline shown here is based on Radarsat's 1997 Antarctic Mapping Mission. Dotted blue lines show changes detected between 1997 and 2001.
You can find us on the internet at nationalgeographic.com/maps

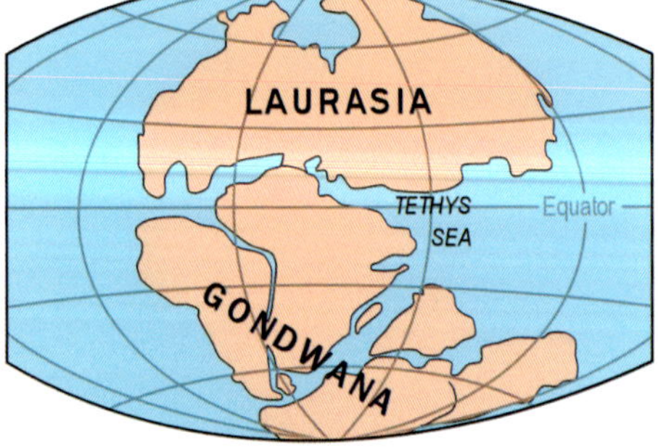

TRIASSIC
200 million years ago

लाखों वर्ष पूर्व अंटार्कटिका, भारत, अफ्रीका, ऑस्ट्रेलिया, न्यूज़ीलैण्ड तथा दक्षिण अमेरिका एक दूसरे से जुड़े हुए थे और यह अधिमहाद्वीप 'गोंडवानालैण्ड' के नाम से जाना जाता था। कुछ 18 करोड़ वर्ष पूर्व भूपटल के अंदर बलों द्वारा खिंचाव के परिणामस्वरूप यह पृथक हो गया था और तभी से अपसरण भी प्रारम्भ हो गया था। महाद्वीपीय अपसरण आज भी जारी है और दक्षिणी गोलार्द्धीय समुद्रतल 1-6 सेंटीमीटर प्रतिवर्ष की दर से फैल रहा है।

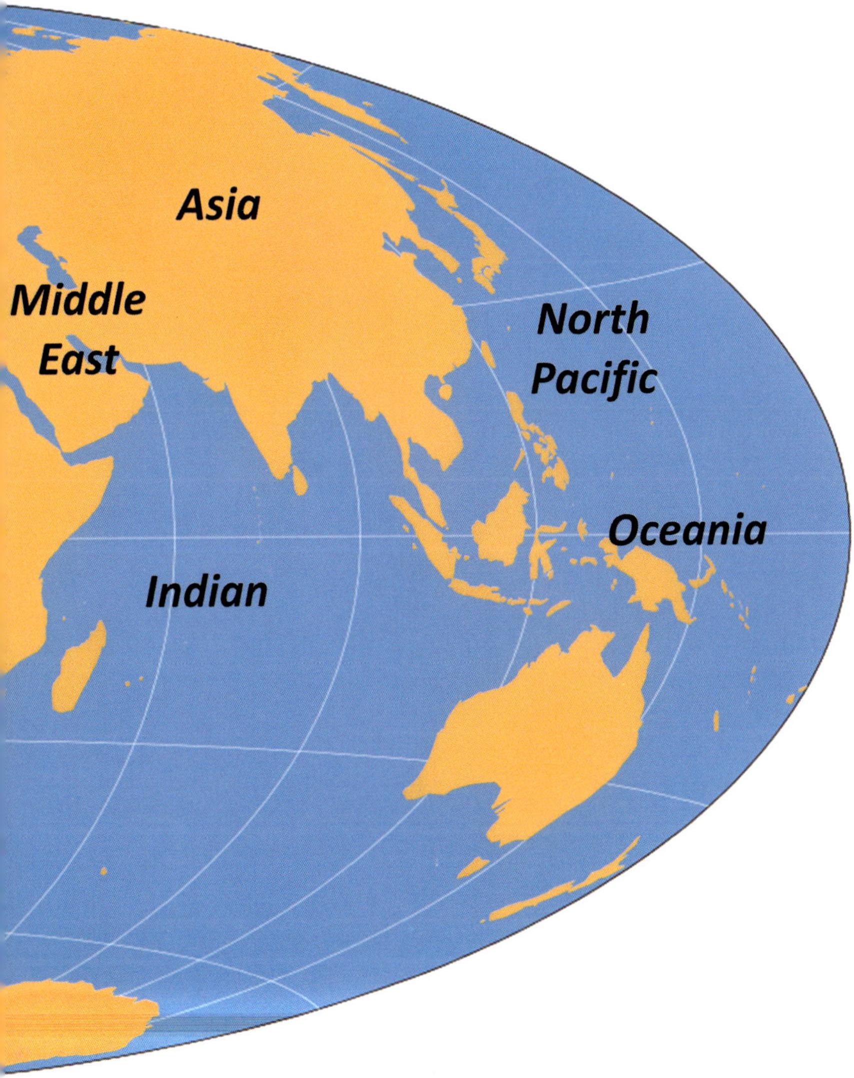

ऊपरः
करोड़ों वर्षों के बाद विश्व ऐसा दिखता है।

सामने के पृष्ठ परः
एक समय समस्त महाद्वीप आपस में जुड़े हुए थे।

पृष्ठ 22-23ः
अंटार्कटिका की भौगोलिक सीमाएँ

सौजन्यः
नेशनल जियोग्राफिक

तथा अफ्रीका एक सामान्य भूभाग की भाँति आपस में संयुक्त थे। ऑस्ट्रेलिया से पृथककरण लगभग 8 करोड़ 60 लाख वर्ष पूर्व आरम्भ हुआ था। अंटार्कटिका अपनी वर्तमान स्थिति में 3 करोड़ वर्ष पूर्व प्रचालमान हुआ था। वर्तमान में अंटार्कटिका दक्षिणी महासागर के तूफानी व विक्षुब्ध जलों द्वारा अन्य महाद्वीपों से पृथक्ककृत है। अंटार्कटिका से निकटतम भूमिक्षेत्र दक्षिण अमेरिका के अंतिम सिरे पर स्थित केप हॉर्न है और यह 965 किलोमीटर दूर है। अंटार्कटिका से ऑस्ट्रेलिया, अफ्रीका तथा भारत की दूरियाँ क्रमशः 2500 किलोमीटर, 4000 किलोमीटर एवम् 12000 किलोमीटर हैं।

दोनों ऊपरः हिमझंझावात के बाद के प्रभाव, हिमाच्छादित परन्तु फिर भी प्रसन्नमुद्रा में।

सामने के पृष्ठ परः निम्न दृश्यता के साथ अंटार्कटिका में एक प्रारूपिक हिमझंझावाती परिस्थिति (दक्षिण गंगोत्री में)। साहू मध्य में हैं।

हिम, हिमझंझावात, हिमशिखर तथा हिमशिलाखण्ड

अंटार्कटिका में विश्व का लगभग 90% बर्फ मौजूद है, जो समस्त पृथ्वी के ताजे जल के 70% जल का निर्माण करता है। यह लगभग 2 करोड़ 45 लाख घन किलोमीटर (59 लाख घन मील) के विशालतम जल आयतन को समाहित किए हुए है, क्योंकि महाद्वीप का मात्र 2% भूक्षेत्र, जो केवल अंटार्कटिक ग्रीष्मकाल के दौरान ही देखा जा सकता है, को छोड़कर इसका 98% भाग सदैव हिमाच्छादित रहता है। चूँकि यह विश्व का शुष्कतम महाद्वीप है, अतः यहाँ की हवा में हमेशा अतिनिम्न आर्द्रता होती है।

हिमझंझावात

अंटार्कटिका में सबसे कठिन मौसम परिस्थितियाँ *काटाबेटिक* हवाएँ और *हिमझंझावात* हैं। काटाबेटिक हवाएँ सामान्यतया अंटार्कटिका और ग्रीनलैण्ड की विशाल व उत्थापित हिमचादरों से बहती हुई पाई जाती हैं। हिमचादरों के ऊपर निर्मित उच्च घनत्व वाली शीत हवाएँ तथा हिमचादरों के उत्थापन, वृहत् गुरुत्वीय ऊर्जा में महत्वपूर्ण भूमिका

यदि गलती से भी आप हिमझंझावात में फँस जाते हैं, तो यह आपके जीवन का सबसे भयावह अनुभव होगा। हवा में उपस्थित हिम कण आपके शरीर को पिनों या रेजर ब्लेडों की भाँति चुभते हैं। एक दाढ़ीदार चेहरे पर बड़ी मात्रा में हिम संचयित हो जाता है, जो बाद में धीरे-धीरे बर्फ में तब्दील हो जाता है, जिसको दाढ़ी से निकालना बहुत मुश्किल और कष्टदायक होता है। अतः हिमझंझावात के दौरान स्टेशन के अंदर ही रहने की सलाह दी जाती है।

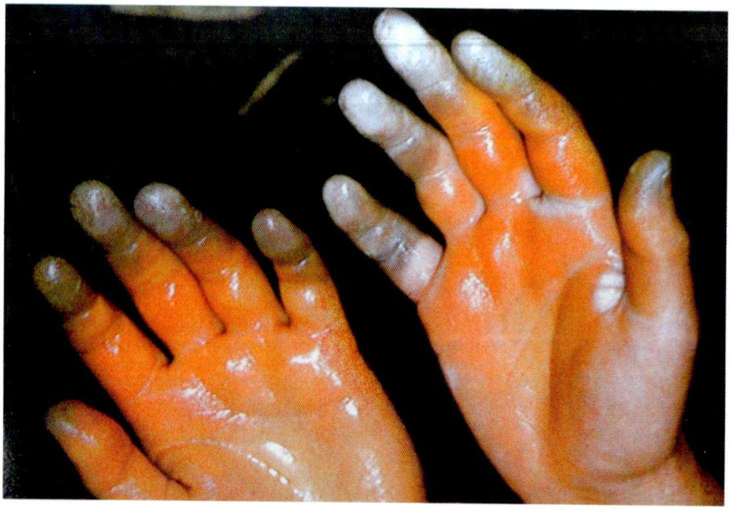

अंटार्कटिका में अत्यधिक निम्न दृश्यता को दर्शाती हुई एक प्रारूपिक हिमझंझावाती परिस्थिति।

सामने के पृष्ठ पर: असाध्य शीतदंश का प्रभाव (बाएँ), हिमझंझावात के बाद दाढ़ी (दाएँ)

दाएँ: हिमझंझावात के बाद हस्की

नीचे: हिमझंझावात के पूर्व हस्की।

निभाते हैं। तटीय घाटियों में जहाँ ये हवाएँ अवरोधित क्षेत्र में सांद्रित हो जाती हैं, तब वहाँ हेरिकेन बल के ऊपर ये हवाएँ भलीभाँति बहती हैं। हिमझंझावात शक्तिशाली हवाओं और हिमपात या हिमबहाव का सम्मिश्रण है।

हिमझंझावातों के दौरान दृश्यता एक मीटर से भी कम हो सकती है। वायु गति 190 किलोमीटर प्रति घण्टा से भी अधिक हो सकती है, जो जीवन को दुष्कर बनाती है। यह एक आदमी को उठाकर कई मीटर दूर फेंक सकती है। हिमझंझावात अनेक दिनों तक चल सकते हैं, जो जीवन को दुःसाध्य बना देते हैं। टेण्ट उखड़कर बह

लेम्बर्ट हिमनद, जो कि लगभग 40 किलोमीटर चौड़ा है और 400 किलोमीटर से भी अधिक दूरी तक बहता है, यह न केवल अंटार्कटिका का ही, बल्कि विश्व का भी सबसे बड़ा हिमनद है। यदि अंटार्कटिका की सम्पूर्ण बर्फ पिघल जाती है, तो विश्व में समुद्रतल 50-60 मीटर (160-200 फीट) के मध्य बढ़ जाएगा।

जाते हैं, संचार तंत्र अवरुद्ध हो जाता है, कुछ उपकरण काम करना बंद कर देते हैं और सबसे कठिन बात यह है कि, इन दिनों केबिनों के अंदर अत्यधिक सीमित जगह में कारावास की तरह रहना होता है।

हिम वायु द्वारा एक स्थान से दूसरे स्थान पर ले जाई जाती है और परतों में जमा होती जाती है। महाद्वीप को आच्छादित करने वाली बर्फ हिमचादर अथवा महाद्वीपीय हिम या ध्रुवीय हिम कहलाती है, जो हजारों वर्षों पूर्व हिम की परतों के निक्षेपण के फलस्वरूप निर्मित हुई हैं। अंटार्कटिका समस्त महाद्वीपों में सबसे अधिक ऊँचा है। इसका औसत उत्थापन 2300 मीटर (7500 फीट) है। हिम की निम्नतम मोटाई 800 मीटर है, जबकि हिम की अधिकतम गहराई 4800 मीटर (15,700 फीट) है, जो कि विश्व की सबसे अधिक मोटाई वाली हिम है। महाद्वीप को आच्छादित करने वाले हिम-शिखर की औसत मोटाई 2400 मीटर है। पश्चिमी अंटार्कटिक क्षेत्र के कम मोटाई वाले हिम-शिखरों की तुलना में पूर्वी अंटार्कटिका में अपेक्षाकृत अधिक मोटाई वाले हिम-शिखर पाए जाते हैं। हिम-शिखरों के उच्च बिन्दुओं से तट की ओर हिम अपने भारानुसार नीचे की ओर प्रवाहित होता है। अंटार्कटिका हिमनदों व हिम जलधाराओं के विशाल अपवहन-तंत्र से परिपूर्ण है। हिमनद बर्फ का एक विशाल सतत् निकाय है, जिसका निर्माण प्रायः शताब्दियों से लेकर अनेक हजारों वर्षों पूर्व वहाँ होता है जहाँ हिम संचयन का अपक्षरण (द्रवण व ऊर्ध्वपातन) अत्यधिक होता है। एक हिमनद का क्षेत्रफल कम से कम 0.1 वर्गकिलोमीटर और मोटाई 50 मीटर होती है।

सामने के पृष्ठ परः श्रीमाचेर मरूद्यान की पृष्ठभूमि में दिख रहा ग्लेशियर (ऊपर), ऊपर देखिए, इस हिमीय पर्वत पर कैसे चढ़ा जा सकता है! (नीचे)

नीचेः मैत्री में ग्लेशियर के सामने खड़े होकर उसकी ऊँचाई मापते हुए।

दुर्लभ तेजस्वी हिमशिलाखण्ड!

हिमशिलाखण्ड

अंटार्कटिक महासागर लाखों उत्प्लावित विशाल हिमशिलाखण्डों से परिपूर्ण है। (हिमशिलाखण्ड बर्फ में परिवर्तित ताजे जल का ऐसा विशाल खण्ड है, जो किसी हिममग्नतट या हिमनद से पृथक होकर समुद्र में आप्लावित होता है।) बर्फ के ये आप्लावित निकाय लगभग 6 खरब टन बर्फ के टुकड़े हैं, जो प्रतिवर्ष महाद्वीपीय हिमचादर से अपवाहित होते हैं। हिमशिलाखण्ड अनेक प्रकार की आकृतियों व आकारों में पाए जाते हैं। समुद्र व वायु से निर्मित असंख्य मनोहारी वक्रों, जो बाद में अत्यंत उच्च शिखरों में परिवर्तित हो जाते हैं, के द्वारा इन शिलाखण्डों को आकार मिलता है। कुछ हिमशिलाखण्ड श्वेत चमकदार आभायुक्त होते हैं, जबकि कुछ हल्के हरे या गुलाबी अथवा स्वर्णिम कांति से शोभायमान होते हैं। वास्तव में उनके ये चित्ताकर्षक रंग सूर्यास्त से परावर्तित रंगों पर निर्भर होते हैं। एक हिमशिलाखण्ड की औसत आयु सम्भवतः चार वर्ष होती है, जब तक कि ये अपेक्षाकृत ऊष्ण सागर की ओर प्रवासित होकर द्रवीभूत नहीं हो जाते। शनैः शनैः ये हिमशिलाखण्ड खण्डित होते-होते जल में परिवर्तित हो जाते हैं।

अभिलेखों के अनुसार 12 नवम्बर, 1956 को *यूएसएस ग्लेशियर* ने दक्षिण प्रशांत महासागर में पश्चिमी स्कॉट द्वीप से 240 किलोमीटर दूरी पर अब तक का सबसे विशाल अंटार्कटिक हिमशिलाखण्ड देखा था, जो 31000 वर्ग किलोमीटर अथवा 335 गुणा 97 किलोमीटर (12,000 वर्ग मील अथवा 208 गुणा 60 मील) से भी विशाल था। यह हिमशिलाखण्ड बेल्जियम अंटार्कटिक हिमशिलाखण्डों से भी अपेक्षाकृत विशाल था। अंटार्कटिक हिमशिलाखण्ड आर्कटिक के हिमशिलाखण्डों से भिन्न होते हैं, क्योंकि आर्कटिक हिमशिलाखण्ड प्रायः हिमनदों के उत्कीर्णन से बनते हैं, जबकि अंटार्कटिक हिमशिलाखण्ड अधिकांश महाद्वीप को चारों ओर से आच्छादित विशाल हिममग्नतटों के भंजन से निर्मित खण्डों से बने होते हैं। जब कोई हिमशिलाखण्ड पिघलता है, तब इससे एक बुदबुदाहट की ध्वनि निकलती है, जिसे परिहास में 'बर्जी सेल्टजर' कहा जाता है। वास्तव में यह ध्वनि हिमशिलाखण्डों में फँसे सम्पीड़ित वायुबुलबुलों के बाहर निकलने के कारण आती है। बुलबुले हिमपरतों, जो कि बाद में हिमनदीय बर्फ में बदल जाती है, में फँसी वायु से आते हैं।

अंटार्कटिक हिमशिलाखण्ड आर्कटिक के हिमशिलाखण्डों से भिन्न होते हैं, क्योंकि आर्कटिक हिमशिलाखण्ड प्रायः हिमनदों के उत्कीर्णन से बनते हैं, जबकि अंटार्कटिक हिमशिलाखण्ड अधिकांश महाद्वीप को चारों ओंर से आच्छादित विशाल हिममग्नतटों के भंजन से निर्मित खण्डों से बने होते हैं।

© Mike Usher

अंटार्कटिक महासागर लाखों उत्प्लावित विशाल हिमशिलाखण्डों से परिपूर्ण है। हिमशिलाखण्ड अनेक प्रकार की आकृतियों व आकारों में पाए जाते हैं। समुद्र व वायु से निर्मित असंख्य मनोहारी वक्रों, जो बाद में अत्यंत उच्च शिखरों में परिवर्तित हो जाते हैं, के द्वारा इन शिलाखण्डों को आकार मिलता है। कुछ हिमशिलाखण्ड श्वेत चमकदार आभायुक्त होते हैं, जबकि कुछ हल्के हरे या गुलाबी अथवा स्वर्णिम कांति से शोभायमान होते हैं। वास्तव में उनके ये चित्ताकर्षक रंग सूर्य की स्थितियों से परावर्तित रंगों पर निर्भर करते हैं।

हिमशिलाखण्ड का अग्रांश

परिशुद्ध बर्फ का घनत्व लगभग 920 किलोग्राम प्रति घन मीटर है, जबकि समुद्री जल का घनत्व लगभग 1025 किलोग्राम प्रति घन मीटर है। प्रारूपिकतौर पर हिमशिलाखण्ड के आयतन का मात्र नौंवाँ भाग ही जल के ऊपर पाया जाता है। हिमशिलाखण्ड के अंदर वाले भाग के आकार का अनुमान उसके सतह के ऊपर दिखने वाले भाग के आधार पर लगा पाना बड़ा ही कठिन है। हिमशिलाखण्ड के प्रत्यक्ष दिखने वाले अग्रांश किसी गम्भीर समस्या अथवा कठिनाई के प्रकट रूप में देखे जा सकने वाले उसके मात्र छोटे या आंशिक आविर्भाव की भाँति होते हैं, जबकि मूल समस्या अपनेआप में कहीं अधिक गहरी संवेदना से ग्रसित होती है।

© Mike Usher

सामने के पृष्ठ परः
चिकटी बर्फ शीतकाल के पूर्वार्ध में समुद्री जल बर्फ में बदलता हुआ जम रहा है।

नीचेः
शीतकाल के पूर्वार्ध में हिम निर्माण

सम्भवतः समुद्री हिम ही है, जो समस्त जनों को सम्मोहित करती है। इसका सौन्दर्य मौसम के साथ-साथ परिवर्तित होता रहता है। यह शरद् ऋतु में निर्मित होती है, शीतकाल में वृहत्‌रूप से इसका विस्तार होता है और वसंत ऋतु में इसका भंजन प्रारम्भ हो जाता है। ग्रीष्मकाल में यह प्लावी हिम पुंज के रूप में तब तक अपवाहित होता रहता है, जब तक कि इसका अधिकांश भाग पिघलकर उत्तर की ओर अपेक्षाकृत गर्म जल में समाहित होने के लिए प्रवाहित होता जाता है। यहाँ सर्वाधिक आश्चर्यजनक दृश्यों में से एक दृश्य बर्फ की अगली पीढ़ी के निर्माण के समय दृष्टिगोचर होता है। छोटे-छोटे मालपुओं की भाँति लाखों की संख्या में हिमवाहों से बने लगभग एक मीटर चौड़ाई के हिमचादर क्षितिज तक पूरी सतह पर बिछ जाते हैं।

प्रारम्भिक ग्रीष्मकाल में
टूटती हुई बर्फ

सामने के पृष्ठ परः
मालपुए की भाँति दिखती बर्फ

अंटार्कटिका में 150 से भी अधिक झीलें हैं, जो महाद्वीपीय हिमचादर के तल पर स्थित हैं। वोस्टॉक झील इन उप-हिमनदीय झीलों में सबसे विशाल है। इसकी खोज 1996 में रूस के वोस्टॉक स्टेशन के नीचे की गई थी। प्रियदर्शिनी झील (भारत की भूतपूर्व प्रधानमंत्री स्व. श्रीमती इन्दिरा प्रियदर्शिनी गाँधी के नाम पर इसका नामकरण किया गया है) भारत के स्थायी स्टेशन मैत्री के सामने श्रीमाचेर मरुद्यान में स्थित है।

बाएँ: *डेसचेम्पसिया अंटार्कटिका*

दाएँ: *कोलोबेन्थस क्विटेंसिस*

अंटार्कटिक वनस्पति

आर्कटिक क्षेत्र के विपरीत, अंटार्कटिका में प्रजातीय विविधता निम्न है। अंटार्कटिका में वनस्पति व प्राणी जीवन की विरलता के प्रमुख कारण इसकी चरम जलवायवीय परिस्थितियाँ, उपयुक्त आवासों की कमी और सम्भवतः उनके परिक्षेपण हेतु एक अवरोध की भाँति इसकी विश्रांत पृथकता भी हैं। यहाँ अधिकांशतया पूरे वर्ष ही भूमि हिमाच्छादित रहती है। मात्र 2% भूमिभाग ही ग्रीष्मकाल के दौरान दृष्टिगोचर होता है और अंटार्कटिका में विरल वनस्पति के लिए निश्चित रूप से यही कारण प्रमुख भी है। अंटार्कटिका में पादप जीवन की इस निम्न बहुलता के लिए उत्तरदायी अन्य कारकों के अन्तर्गत वहाँ की अत्यधिक शुष्कता, सशक्त हवाएँ, पर्याप्त सौर प्रकाश की अनुपस्थिति तथा लगभग छः-छः महीनों के क्रमशः सतत् दिवस व रात्रि की अवधियों वाली प्रशीतित परिस्थितियाँ शामिल हैं। इसके अतिरिक्त, यहाँ की मृदा पोषक तत्वों की अपूर्णता के कारण अनुपजाऊ है। अतः इस महाद्वीप में कोई भी वृक्ष, घास या सामान्य बड़े प्राणी नहीं पाए जाते हैं।

अंटार्कटिका प्रायद्वीप के पश्चिमी भाग से अत्यंत लघु आकार के मात्र दो देशज पुष्पीय पादपों, क्रमशः एक *'डेसचेम्पसिया अंटार्कटिका'* नामक घास और दूसरा *'कोलोबेन्थस क्विटेंसिस'* नामक एक पर्लवार्ट (जो अंटार्कटिक पिंक के नाम से जाना जाता है) को अभिलेखित किया गया है।

अपेक्षाकृत कम अनुकूलित जलवायवीय परिस्थितियों व निम्न मृदा उर्वरता उप-अंटार्कटिक द्वीपों में पुष्पीय पादपों व फर्नों की लगभग तीस प्रजातियाँ पाई गईं हैं। इसके विपरीत, आर्कटिक क्षेत्र में पुष्पीय पादपों की लगभग एक हजार प्रजातियाँ मिलती हैं। यह तुलना प्रदर्शित करती है कि किस तरह भूमण्डल के दो ध्रुवीय क्षेत्र अपने विभिन्न जीवनरूपों के कारण एक दूसरे से पूर्णतया भिन्न हैं।

अंटार्कटिका के कुछ भागों में मिलने वाले जीवों में प्रमुखतया प्रारम्भिक जीवरूप, जैसे जीवाणु, कवक, शैवाल, शैवाक (लाइकेन) और काई (मॉस) ही पाए जाते हैं और *प्रायः ये जीवरूप केवल अंटार्कटिक ग्रीष्मकाल के दौरान ही देखे जा सकते हैं। ये ही एकमात्र वे पादप व सूक्ष्मजीव हैं,* जो *अंटार्कटिका में अधिकांश प्राणियों के*

लिए भोजन उपलब्ध कराते हैं तथा ये ही इस भंगुर पारिस्थितिक तंत्र के समग्र अंश होते हैं। इस अवधि के दौरान, हिम और बर्फ धीरे-धीरे पिघलती है और अंटार्कटिका का मात्र 2% भूमिभाग दिखने लगता है, जो अत्यंत लघु अवधि के लिए इन निम्नश्रेणी पादपों की वृद्धि में सहायता करता है। चमकदार नारंगी रंग से लेकर पीले, हरे और काले विविध रंग के शैवाकों (लाइकेनों) के सुन्दर धब्बेनुमा चिन्ह शैल-सतहों पर देखे जा सकते हैं।

शैवाल पादप की भाँति जीव होते हैं, जो कि अंटार्कटिका के प्रधान प्रकाशसंश्लेषी जीवरूप हैं। इनके अन्तर्गत स्थलीय, ताजे जल व समुद्रीरूपों की सहस्त्रों से भी

अधिक प्रजातियाँ शामिल हैं। इन शैवालों में सूक्ष्मजीवीय एककोशिक जीव से लेकर कई मीटर लम्बे विशाल समुद्री शैवाल पाए जाते हैं। यद्यपि पादपों की भाँति इनमें जड़ें, तने व पत्तियाँ नहीं पाई जाती हैं। केल्प नामक शैवालों के एक समूह का एक प्रतिनिधि *माइक्रोसिस्टिस पायरीफेरा* 70 मीटर से भी अधिक लम्बाई तक वृद्धि कर सकता है। यह तटीय जलों में शैलों से जुड़ा रहता है। यहाँ एक रोचक तथ्य यह है कि अंटार्कटिका में -89^0 सेंटीग्रेड के चरम निम्न तापमान तथा यहाँ मिलने वाले ऊष्ण जल-स्त्रोतों के 70^0 सेंटीग्रेड से भी अधिक उच्च तापमानों में भी यहाँ के शैवाल जीवित रह सकते हैं। हिम में मिलने वाले शैवाल चमकदार श्वेत हिम के मध्य में

सामने का पृष्ठ ऊपर बाएँः
रूक्ष पर्यावरण में शैवालीय जाल का अध्ययन करते हुए एक शोधकर्ता।

सामने का पृष्ठ ऊपर दाएँः
प्रेसिओला केलोफिला शैवाक (लाइकेन) के साथ मिलकर शैल पर वृद्धि करता हुआ एक स्थलीय हरित शैवाल।

सामने का पृष्ठ नीचेः
विशाल मात्रा में वृद्धि करता हुआ सूक्ष्मजीवीय हिमीय शैवाल।

दायें ऊपरः
प्रादर्शो के एकत्रण हेतु समुद्री हिम पर चलते हुए।

खतरनाक, यदि आप गिर गए तो आप महासागर के अंदर चले जाएँगे! इस जोखिम भरे एकत्रण के पश्चात् बने पदचिन्हों को देखिए।

बायें नीचेः
प्रादर्शो के एकत्रण हेतु हिम-उत्छेदन

लाल, हरे व पीले रंगों के अत्यंत सुन्दर व चित्ताकर्षक धब्बों के रूप में पाए जाते हैं। यह प्रकाशसंश्लेषी जीवरूपों के सर्वाधिक अद्वितीय चमत्कारिक रूपों में से एक रूप है, जो हिम के विशाल विस्तारों में दूर-दूर तक नयनाभिराम दृश्यावली प्रदर्शित करता हुआ प्रतीत होता है। स्थलीय शैवालों के भी अनेक प्रकार आर्द्र मृदा पर, दरारों में और शैल सतहों के विदरों में, शैल सतहों पर व उनके नीचे तथा पैंग्विन ग्वानों पर पाए जाते हैं। नील-हरित शैवालों से लेकर हरित शैवालों व डायेटमों तक की श्रेणियों वाले शैवालों की विशालतम बहुलता व विविधता तालाबों, झीलों और सरिताओं में देखी जा सकती है। ग्रीष्मकाल के दौरान ये आवारास्थान, हिमक्षेत्रों व हिमनदों से पिघलकर आए जल से भर जाते हैं।

ऊपरः
एक नदी से संलग्न क्षेत्र पर वृद्धि करती हुई मॉस राशि।

नीचेः
शैवाल एकत्रित करते हुए साहू।

शैल पर उगते हुए विभिन्न रंगों के शैवाक (लाइकेन)।

ये शैवाल झीलों के आधारतलों व सतहों पर पतली एवं मोटी चटाइयों के रूप में बिछे पाए जाते हैं। इसके अलावा, असंख्य समुद्री शैवाल प्रजातियाँ समुद्रहिम के अंदर भी पाई जाती देखी गईं हैं, जो कि शीतकाल के दौरान समुद्र में निर्मित आप्लावित हिम में फँसी होती हैं।

विशेषरूप से झीलों तथा समुद्र से शैवालों का एकत्रण अंटार्कटिका में किए जाने वाले सर्वाधिक चुनौतीपूर्ण कार्यों में से एक है, क्योंकि इसके लिए या तो झील में जाना होता है या फिर समुद्रतट से इनको एकत्रित करना होता है। इन जल निकायों के अंदर जाना अत्यंत दुष्कर है, क्योंकि इनके जल का तापमान चरमसीमा तक निम्नतम होता है। हिम से जमी झीलों व हिममग्नतटों पर चलना भी एक अन्य बड़ी चुनौती है। हरित शैवाल *प्रेसिओला* दिसम्बर और मार्च के मध्य अतितीव्रता से वृद्धि करता है।

शैल सतहों पर अत्यधिक आकर्षक रंगों वाले शैवाक (लाइकेन) भी वृद्धि करते पाए जाते हैं। शैवाकों में चरम जलवायवीय परिस्थितियों में भी वृद्धि कर पाने की अद्‌भुत क्षमता होती है और इसलिए इसकी कुछ प्रजातियाँ अंटार्कटिक परिस्थितियों में भी भलीभाँति अनुकूलित रूप में पाई जाती हैं। यहाँ काई (मॉस) की बहुत कम प्रजातियाँ मिलती हैं, जो वहाँ की पर्याप्त जल से संतृप्त रेतीली व पथरीली मृदाओं पर अत्यंत सुन्दर हरित कुशनों की भाँति आकृतियाँ उकेरती हैं।

अंटार्कटिक प्राणी

सामान्यतया अंटार्कटिका के निवासी समझे जाने वाले विशाल स्थलीय प्राणी *पैंग्विन* व *सील* वास्तव में यहाँ के निवासी नहीं हैं, बल्कि *बेल्जिका अंटार्कटिका* नामक एक पंखरहित कीट यहाँ का वास्तविक निवासी है, जो 2-6 मिलीमीटर की अधिकतम लम्बाई तक वृद्धि करता है। अंटार्कटिक स्थलीय प्राणियों के अन्तर्गत बरुथियों (माइट्स) की 50, कोलेम्बोला (स्प्रिंगटेल्स) की 20, मिजेस (छोटे कीट) की 2, मेटाजोआ की 28, टारडीग्रेडों (अत्यंत लघु जलीय अकशेरूकी) की 28 प्रजातियाँ तथा निमेटेडों व प्रोटोजोआ की अनेक प्रजातियाँ शामिल हैं। स्प्रिंगटेल्स -5^{0} सेंटीग्रेड के निम्नतम तापमान पर भी जीवित रह सकता है। इन प्राणियों की उत्पत्ति को समझना अंटार्कटिका की अब तक की अनसुलझी सर्वाधिक चुनौतीपूर्ण समस्याओं में से एक समस्या है। इसके अलावा, यहाँ पर अनेक प्रकार के पक्षी और अन्य समुद्री प्राणी भी मिलते हैं, जो कि यहाँ के निवासी तो नहीं हैं, परन्तु ये अंटार्कटिका में मिलने वाले अकशेरूकीय प्राणी अवश्य हैं।

हालांकि अंटार्कटिका मच्छरों से रहित है, जबकि आर्कटिक में ये असंख्य मात्रा में पाए जा सकते हैं।

बेल्जिका अंटार्कटिकाः
मात्र 6 मिलीमीटर का अंटार्कटिका का सबसे बड़ा स्थलीय जीव।

सामने के पृष्ठ परः
आपस में प्रणय-निवेदन करतीं एम्पेरर पैंग्विनें। (पैंग्विन व सील अंटार्कटिका के मूलनिवासी नहीं हैं, परन्तु वे आपस में मिलकर रहते हैं।)

पैंग्विन

पैंग्विन मानव-मित्र पक्षियों में से एक हैं, जो अंटार्कटिका में आपका स्वागत करते हैं। इनके समूह पक्षियों के सर्वाधिक सुन्दर समूहों में से एक हैं। जीववैज्ञानिक दृष्टिकोण से, पैंग्विन *स्फेनीसीफार्मेस* वर्ग (आर्डर) तथा *स्फेनीसीडी* कुल (फेमिली) में आते हैं। ये पूरी तरह से केवल दक्षिणी गोलार्द्ध में, विशेषरूप से अंटार्कटिका में रहने वाले जलीय, उड़ानरहित पक्षियों का समूह हैं। जल में जीवित रहने के लिए अत्यंत अनुकूलित पैंग्विनों में विपर्याय-आकार के गहरे रंग व सफेद पक्षति (प्लूमेज) होते हैं और उनके पंख मीनपक्षों (फ्लिपर) में रूपांतरित हो जाते हैं। अधिकांश पैंग्विन क्रिल, मछलियाँ, स्क्विड और अन्य समुद्री जीवों को खाते हैं, ये इनको जल के अंदर तैरने के दौरान पकड़ लेते हैं। ये अपना आधा जीवन स्थल पर और शेष आधा जीवन महासागरों में व्यतीत करते हैं। पैंग्विनों की जैवविविधता 17 से 20 जीवित प्रजातियों के मध्य परिसीमित है, जिसकी सूची आगे उनके जीव वैज्ञानिक नामों सहित दी गई है। तीन सबसे अधिक परिचित पैंग्विनों में एम्पेरर पैंग्विन, किंग पैंग्विन और एडीली पैंग्विन शामिल हैं। इनकी विविध प्रजातियों के आकार, भार व आयु से सम्बद्ध विस्तृत विवरण अग्रानुसार हैः-

तट पर दिखती पैंग्विनों की विशाल संख्या।

बाएँ व बाएँ नीचेः
(एम्पेरर पेंग्विन):
एम्पेरर पेंग्विन शीत-स्नान करते, (बाएँ) सिर झुकाए एम्पेरर पेंग्विन (बाएँ नीचे)

एम्पेरर पेंग्विन
एपटेनोडाइट्स फार्सटेरी
आकारः 100 सेंटीमीटर या 40 इंच ऊँची
भारः 20 से 40 किलोग्राम या 45 से 90 पौण्ड
आयुः 20 वर्ष

किंग पेंग्विन
एपटेनोडाइट्स पेटागोनीकस
आकारः लगभग 90 सेंटीमीटर या 30 इंच ऊँची
भारः 10 से 15 किलोग्राम या 20 से 30 पौण्ड
आयुः 20 वर्ष

दाएँ नीचेः
किंग पेंग्विन एक किंग पेंग्विन आगंतुकों की प्रतीक्षा करते हुए।

एडिली पेंग्विन के अपरिपक्व चूज़े

दाएँ ऊपरः अण्डे देतीं पेंग्विनें।

बाएँ नीचेः एक वयस्क माता एडिली पेंग्विन अपने छोटे बच्चे को भोजन कराने का प्रयास करते हुए।

अन्य प्रजातियाँ

चिनस्ट्रेप पेंग्विन	*पाइगोसेलिस अंटार्कटिका*
फिओर्डलैण्ड क्रेस्टेड पेंग्विन	*यूडिप्टिस पॉकीरिंकस*
इरेक्ट- क्रेस्टेड पेंग्विन	*यूडिप्टिस स्केलेटेरी*
स्नेयर्स आइलेण्ड पेंग्विन	*यूडिप्टिस रोबसटस*
रॉकहॉपर पेंग्विन	*यूडिप्टिस क्राइसोकोम*
मैकरोनी पेंग्विन	*यूडिप्टिस क्राइसोलोफस*
पीली-आँखों वाली पेंग्विन	*मेगाडिप्टिस एण्टिपोड्स*
फेयरी (या छोटी या नीली) पेंग्विन	*यूडिप्टुला माइनर*
अफ्रीकी या काले पैर वाली पेंग्विन	*स्फेनिस्कस डिमरसस*
हमबोल्ट पेंग्विन	*स्फेनिस्कस हमबोल्डटी*
मेजेलेनिक पेंग्विन	*स्फेनिस्कस मेजेलेनिकस*
गालापैगोस पेंग्विन	*स्फेनिस्कस मेण्डीकुलस*
जेनटू पेंग्विन	*पाइगोसेलिस पापुआ*

सील

सील *स्तनधारी प्राणी* हैं, जो अपने जीवन का अधिकांश समय स्थल पर और शेष जीवन पूरी तरह से जल में व्यतीत करते हैं। हालाँकि, ऐसी अनेक अंटार्कटिक सीलें भी हैं, जो बिरले ही स्थल पर आती हों। यहाँ वेडेल, लिओपार्ड, रॉस और केकड़ा-भक्षी सीलें मिलती हैं। अंटार्कटिका में केवल फर व एलिफेंट सीलें ही स्थल पर प्रसव करती हैं। वे स्थल पर अजीब सी दिखती हैं, परन्तु जल में उतनी ही मनोहारी प्रतीत होती हैं। वे अपने बच्चों को स्थल पर जन्म देती हैं और उनकी देखभाल भी

स्थल पर ही करती हैं, परन्तु अपने जीवन का अधिकतम समय महासागर में ही व्यतीत करती हैं। सीलों की वालरसों और समुद्री सिंहों से काफी समानता है, अतः कभी-कभी उनके साथ भ्रम भी हो जाता है। वास्तविक सीलें या कानरहित सीलें अपने पृष्ठभाग के मीनपक्षों द्वारा पानी को आगे धकेलते हुए जल में आगे बढ़ती हैं। वे अपने बाजू के मीनपक्षों का उपयोग जल में परिचालन करने के लिए करती हैं और इस तरह स्थल पर पहुँचती हैं। समुद्री सिंहों की भाँति वास्तविक सीलें अपने पृष्ठ मीनपक्षों द्वारा स्थल पर चल नहीं सकती हैं। वे अपने टारपिडो आकार के कारण शीघ्रता व कुशलता से तैर सकती हैं। उनका यही आकार परभक्षियों, जैसे शार्क आदि से बचने और साथ ही अपने शिकार, जैसे मछलियों को पकड़ने में भी सहायता करता है। सीलों में बड़ी ही प्रवीणता के साथ जल में आगे बढ़ने की क्षमता होती है, अतः वे अधिक परिश्रम किए बिना ही भोजन पाने हेतु स्थल से काफी दूरी तक जा सकती हैं। सीलें महासागरों और ताजे जल की झीलों जैसे रूस की बैकाल झील में भी रह सकती हैं।

हालाँकि, अधिकांश सीलें अंटार्कटिका तथा आर्कटिक में और उनके चारों ओर के भागों में ही पाई जाती हैं। सीलें अपनी मोटी चरबी-युक्त परतों, जो भोजन संचयन तथा ऊष्मारोधन दोनों का कार्य करती हैं, के कारण शीत ध्रुवीय पर्यावरणों में भलीभाँति अनुकूलन बनाए रखती हैं।

अंटार्कटिक जलों में रहने वाली सीलों की छः विभिन्न प्रजातियाँ क्रमशः *रॉस, वेडेल, केकड़ा-भक्षी, लिओपार्ड, फर* तथा *एलिफेंट* सीलें हैं। एलिफेंट सील सबसे बड़ी सील होती है। एक एलिफेंट सील का भार 4000 किलोग्राम तक हो सकता है, जो लगभग एक मिनिवैन के भार के बराबर होता है। नर एलिफेंट सील मादा सील से दो से तीन गुना बड़ी होती है। फर सील सबसे छोटी होती है, इनकी एक मादा वयस्क सील का भार केवल 150 किलोग्राम तक होता है।

केंकड़ा-भक्षी
लोबोडोन कारसीनोफेगस
आकारः 2.7 मीटर तक
भारः 250 किलोग्राम से अधिक

वेडेल सील
लेप्टोनिकोटिस वेडेली
आकारः 3 मीटर तक
भारः 400 किलोग्राम तक

रॉस सील
ओमेटोफोका रॉसी
आकारः 2.3 मीटर तक
भारः 200 किलोग्राम

सीलें बड़ी ही कुशलता के साथ जल में घूमती हैं, कभी-कभी वे आप्लावित बर्फ के टुकड़े पर भ्रमण करती देखी जाती हैं, जिससे वे अधिक परिश्रम किए बिना ही भोजन पाने हेतु स्थल से काफी दूरी तक जा सकती हैं। सीलें महासागरों और ताजे जल की झीलों में भी रह सकती हैं। वे अपने टारपिडो आकार के कारण शीघ्रता व कुशलता से तैर सकती हैं। अनेक अंटार्कटिक सीलें ऐसी भी हैं, जो बिरले ही स्थल पर आती हों।

ऊपरः
लिओपार्ड सील
हाइड्रर्गा लेप्टोनिक्स
आकारः 3 मीटर तक
भारः लगभग 350 किलोग्राम

ममीकृत सील का सिर। अंटार्कटिका परिरक्षण हेतु सबसे उत्तम स्थल है।
ऊपरः लिओपार्ड सील
नीचेः एलीफेंट सील

एलिफेंट सील
मिरोंगा लिओनाइन
आकारः 6-7 मीटर
भारः 4000 किलोग्राम तक

फर सील
आर्कटोसिफेलस गेजेला
आकारः 2 मीटर तक
भारः 150 किलोग्राम तक

दायें ऊपरः
अंटार्कटिक क्रिल भविष्य हेतु भोजन

क्रिल

अंटार्कटिका में वेलापवर्ती (पिलेजिक) क्रस्टेशियन-अंटार्कटिक क्रिल बहुतायत में पाए जाते हैं, जिनका वैज्ञानिक नाम *यूफेसिया सुपरबा* है। ये झींगी-जैसे जीव होते हैं और ये व्हेलों, सीलों, पैंग्विनों, अनेक मछलियों, स्क्विडों और असंख्य पक्षियों के लिए भोजन का प्रमुख स्त्रोत हैं। इनमें प्रोटीन और विटामिन ए अधिक मात्रा में पाए जाते हैं। कुछ देशों ने इनकी इस क्षमता का लाभ उठाने के लिए पहले से ही तकनीकियाँ विकसित कर रखी हैं और इस संसाधन का उपयोग किया जा रहा है। वर्तमान में जर्मनी, जापान, पोलैण्ड तथा रूस प्रमुख क्रिल-मत्स्यवाही (फिशिंग) देशों की श्रेणी में आते हैं। ये देश क्रिल का उपयोग जानवरों के भोजन के रूप में करते हैं और इसके साथ ही वे क्रिल-सूप, क्रिल-पेस्ट, ब्रेडस्प्रेड, क्रिल-फिंगर्स और सॉसाजेस के लिए भी इनका उपयोग कर रहे हैं। प्रायः उपयोग में लाए जाने वाले मत्स्य भण्डारों में हो रही निरन्तर कमी के कारण यह सम्भव है कि क्रिलों की बहुलता व उनकी आसानी से उपलब्धता को दृष्टिगत रखते हुए भविष्य में ये प्रमुख मत्स्य संसाधनों के रूप में उभर कर आ सकते हैं। हालाँकि इन महत्वपूर्ण संसाधनों का अतिदोहन न हो, इसके लिए विशेष सावधानी की आवश्यकता है।

किस तरह पादप और प्राणी अंटार्कटिका में जीवित रह पाते हैं?

सामान्यतया, जब तापमान चरमसीमा तक निम्न हो जाता है, तब कोशिकाओं के अंदर हिमकण बनने लगते हैं जो कोशिकाओं को नष्ट कर सकते हैं और अंततः मृत्यु भी हो सकती है। अंटार्कटिका में तथा उसके चारों ओर के भागों में अनेक ऐसे प्राणी व पादप पाए जाते हैं, जिनकी कोशिकाओं के अंदर कुछ एण्टी-फ्रीजिंग अणु उपस्थित होते हैं, जो कि कोशिकाओं में हिमकणों का निर्माण नहीं होने देते हैं या फिर कोशिकाओं को प्रशीतित होने से रोकते हैं, इस तरह इन अमूल्य जीवनों को मृत्यु से सुरक्षित रखा जाता है।

"एण्ट-आर्कटोस": श्वेत विस्तृत
फैलाव, यही अंटार्कटिका है ।

अंटार्कटिका की उत्पत्ति

यूनानी मान्यता

प्राचीन यूनानी लोगों ने ही सर्वप्रथम अंटार्कटिका की संकल्पना को विश्व के समक्ष रखा था। वे आर्कटिक से भलीभाँति परिचित थे और इसे उन्होंने आर्कटोस नाम दिया था। यूनानी में *आर्कटोस* का अर्थ भालू होता है, अतः *आर्कटिक* में पाए जाने वाले विशाल भालुओं को दृष्टिगत रखते हुए यह नामकरण किया गया था। उनका मानना था कि विश्व के संतुलन हेतु ठीक इसी प्रकार का एक समान शीत दक्षिणी भूभाग भी होना चाहिए, जो कि समान तो था, परन्तु आर्कटिक के विपरीत था। अतः उसे उन्होंने 'एण्ट आर्कटोस' कहा। वास्तव में वे वहाँ कभी गए नहीं थे। यह किंचित उनका एक सौभाग्यपूर्ण अनुमान था या फिर पूर्णतया एक तार्किक वक्तव्य था।

छठी शताब्दी के पूर्वार्द्ध में ही पाइथागोरस ने पृथ्वी के गोल होने की अभिधारणा प्रस्तुत की थी। पारमेण्डीस (450 ई.पू.) एवं अरस्तू (384-322 ई.पू.) भी इस अभिधारणा से सहमत थे। जब एक बार विश्वस्तर पर यह स्वीकार कर लिया गया कि पृथ्वी गोल है, तब इसकी प्रकृति से सम्बद्ध अनेक सिद्धांत सामने आने लगे। पारमेण्डीस ने अपना दृष्टिकोण रखा कि समस्त भूमण्डल पाँच समानांतर जलवायविक क्षेत्रों में विभाजित है। दक्षिणी महाद्वीप (वर्तमान में अंटार्कटिका) का अस्तित्व और आकार प्रारम्भिक सभ्यताओं के दौरान अत्यंत रोचक विषय के रूप में उभरा था। प्रारम्भिक यूनानी दार्शनिकों ने उत्तरी गोलार्द्ध के भार के संतुलन हेतु एक दक्षिणी भूमिक्षेत्र के होने की आवश्यकता जताई थी। इस तरह एक प्राकृतिक गोलार्द्ध के रूप में *आर्कटोस* को दृष्टिगत रखते हुए अरस्तू (384-322 ई.पू.) ने दक्षिण में एक अनाम भूमिक्षेत्र होने की तर्कसंगत दलील दी थी, जिसका नामकरण एण्टआर्कटोस किया गया था, दूसरे शब्दों में इसका अर्थ पूर्णतया विपरीत था।

भूवैज्ञानिक इतिहास एवं जीवाश्मिकी

17 करोड़ से भी अधिक वर्ष पूर्व, अंटार्कटिका अधिमहाद्वीप गोंडवानालैंड का एक

भाग था। कुछ समय पश्चात् गोंडवाना धीरे-धीरे खण्डों में विभक्त हो गया और लगभग दो करोड़ पचास लाख वर्ष पूर्व, वर्तमान अंटार्कटिका का निर्माण हुआ था। कैम्ब्रियन युग के दौरान, गोंडवाना की जलवायु बड़ी ही सौम्य हुआ करती थी। परमियन युग के अंत आते-आते तक यहाँ की जलवायु लगातार गर्म होना प्रारम्भ हो गई थी, जिसके फलस्वरूप अधिकांश गोंडवाना क्षेत्र शुष्क व उष्ण जलवायु वाला क्षेत्र बन गया था। सतत् तापन के परिणामस्वरूप ध्रुवीय हिमशिखर पिघल गए थे और गोंडवाना का अधिकतम भाग मरुस्थल में बदल चुका था। पूर्वी अंटार्कटिका में बीजदार फर्न (पर्णांग) स्थापित हो गए थे तथा इस समय तक यहाँ विशाल मात्रा में बालुआ पत्थर व स्लेटी पत्थर बिछ चुके थे। परमियन के उत्तरार्द्ध तथा प्रारम्भिक ट्राइएसिक युगों के दौरान अंटार्कटिका में सिनेप्सिड्स, जो सामान्यतया 'स्तनधारी जैसे सरीसृप' के नाम से जाने जाते हैं, सामान्य रूप से पाए जाते थे। इसके अलावा, उनके साथ उनके दूसरे रूप, जैसे *लिस्ट्रोसोरस* भी शामिल थे। अंटार्कटिक प्रायद्वीप का निर्माण जुरेसिक युग (206-146 दस लाख वर्ष) के दौरान प्रारम्भ हो गया था और महासागर से धीरे-धीरे द्वीपसमूह उभरकर बाहर आ रहे थे। इस अवधि के दौरान गिंकगो वृक्ष तथा साइकेड्स प्रचुर मात्रा में पाए जाते थे। पूरे क्रिटेशियस युग (146-65 दस लाख वर्ष) के दौरान पश्चिमी अंटार्कटिका में शंकुधारी वृक्षों वाले वन बहुतायत में मिलते थे, यद्यपि इस अवधि के अंत तक दक्षिणी तट विस्तारित होना प्रारम्भ हो चुका था। अंटार्कटिका के चारों ओर के समुद्रों में अमोण्टीस सामान्यतया मिलते थे और *डायनासौर भी पाए जाते थे*, हालाँकि मात्र तीन अंटार्कटिक डायनासौर प्रजातियाँ (हेनसन निर्माण के समय के *क्रायोलोफोसोरस* और *ग्लेसिएलिसोरस* तथा *अंटार्कटोपेल्टा*) के विवरण मिलते हैं। यही वह समय था, जिस दौरान गोंडवानालैंड टूटना शुरू हुआ था।

अंटार्कटिका क्रमिक तौर से ठण्डा होना प्रारम्भ हुआ, क्योंकि महाद्वीपीय विस्तार ने ऊर्ध्वाधर भूमध्यरेखा से ध्रुव तक महासागरीय धाराओं, परिरक्षित अक्षांशीय धाराओं व तापमान-संतुलन धाराओं को परिवर्तित कर दिया था और इससे अक्षांशीय तापमानों में अंतर हो गया था।

गोंडवानालैंड का भंजन एवं महाद्वीपीय प्रवर्तन

लगभग 16 करोड़ वर्ष पूर्व, अफ्रीका अंटार्कटिका से अलग हुआ था, इसके पश्चात् प्रारम्भिक क्रिटेशियस (लगभग बारह करोड़ पचास लाख वर्ष पूर्व) में भारतीय उपमहाद्वीप पृथक हुआ। लगभग छः करोड़ पचास लाख वर्ष पूर्व अंटार्कटिका (तब ऑस्ट्रेलिया से जुड़ा हुआ था) की जलवायु उष्णकटिबंधीय से लेकर उपोष्णकटिबंधीय थी तथा यहाँ पर शिशुधानी प्राणिजात (मारसुपियल फौना) पाए जाते थे। लगभग 4 करोड़ वर्ष पूर्व ऑस्ट्रेलिया - पापुआ न्यूगिनी अंटार्कटिका से पृथक हुए तथा प्रथम बर्फ दिखना प्रारम्भ हुआ। आदिनूतन - अल्पनूतन विलोपन (इओसीन - ऑलिगोसीन एक्सटिंकशन) घटना के दौरान लगभग तीन करोड़ चालीस लाख वर्षो पूर्व कार्बन डाईऑक्साइड का स्तर लगभग 760 पीपीएम मापा गया है और यह प्रारम्भ में मापे गए 1000 पीपीएम से घटकर कम हुआ था। लगभग दो करोड़ तीस लाख वर्ष पूर्व अंटार्कटिका और दक्षिण अमेरिका के मध्य ड्रेक मार्ग खुला था, इसके फलस्वरूप अंटार्कटिक परिध्रुवीय धारा बनी, जो महाद्वीप को पूरी तरह से पृथक करती है। परिवर्तनों के प्रारूप प्रदर्शित करते हैं कि निम्न होते कार्बन डाईऑक्साइड स्तर अपेक्षाकृत अधिक महत्वपूर्ण साबित हुए। बर्फ का फैलना प्रारम्भ हुआ, वनों के स्थानों पर हिम विस्तार के साथ महाद्वीप हिमाच्छादित हो गया। तब से लगभग एक करोड़ पचास लाख वर्ष पूर्व से महाद्वीप लगभग पूरा ही बर्फ से ढंका हुआ है। वर्तमान अंटार्कटिक हिम शिखर लगभग साठ लाख वर्ष पूर्व ही इस ऊँचाई तक पहुँचे हैं।

महाद्वीप का अन्वेषण

केप्टन जेम्स कुक, एक ब्रिटिश नौचालक ने दक्षिणी महाद्वीप की खोज हेतु एक अभियान के तहत जुलाई 1772 में इंग्लैंड से समुद्री यात्रा प्रारम्भ की थी। 17 जनवरी, 1773 को वे अपने दल के साथ अंटार्कटिक वृत्त ($67^0$15’ दक्षिण) को पार करने वाले प्रथम समुद्र यात्री बन गए थे, परन्तु समुद्र की सतह पर बर्फ की परतें जम जाने के कारण वे आगे नहीं बढ़ सके थे। वे मुख्य अंटार्कटिक भूमि से मात्र अस्सी मील ही दूर रह गए थे। यद्यपि कुक 1772 से 1776 के मध्य अंटार्कटिक वृत्त को तीन बार पार कर चुके थे, परन्तु उन्होंने कभी भी दक्षिणी महाद्वीप को देखने का दावा नहीं किया।

1819 तक, किसी भी व्यक्ति ने अंटार्कटिका को नहीं देखा था। अंटार्कटिका को देखने वाले *प्रथम व्यक्ति* एक रूसी अन्वेषक कैप्टन थेडिअस वॉन बेलिंगशॉसेन थे, जिन्होंने 27 जनवरी, 1820 को महाद्वीप को दूर से देखा था, परन्तु वे इस खोज की पुष्टि नहीं कर सके थे। *महाद्वीप पर कदम रखने वाले प्रथम व्यक्ति* एक अमेरिकी नाविक जॉन डेविस थे, जो सम्भवतः 7 फरवरी, 1821 को अंटार्कटिका पर पहुँचे थे (यह तथ्य निश्चित नहीं है)। इस समय से जनवरी 1895 तक लगभग 74 वर्षों तक अंटार्कटिका की मुख्यभूमि पूरी तरह से अनन्वेषित ही रही, यद्यपि इसके परिसर में अनेक गतिविधियाँ होती रहीं थीं।

प्रारम्भिक अन्वेषणों की कुछ प्रमुख विशिष्ट तिथियाँ

20 फरवरी, 1823: जेम्स वेडेल, एक ब्रिटिश अन्वेषक अंटार्कटिक वृत्त के $74^0$15’ दक्षिण पर पहुँचे, जो कि 17 जनवरी, 1773 को $67^0$15’ दक्षिण पर पहुँचे जेम्स कुक से लगभग 345 किलोमीटर दक्षिण की तरफ और आगे था (वेडेल समुद्र का नामकरण जेम्स वेडेल के नाम पर ही किया गया है।)।

10 अप्रैल, 1832: जॉन बिस्कोइ, एक ब्रिटिश अन्वेषक ने दावा किया था कि “मैं दृढ़ता से इस निष्कर्ष पर पहुँचा हूँ कि यह एक विशाल महाद्वीप है” तथा “मैंने 300

मील (482 किलोमीटर) के एक विस्तार को देखा है।" उन्होंने अंटार्कटिक महाद्वीप के प्रथम परिध्रुवीय नौसंचालनों में से एक को पूरा किया था।

1840: दक्षिण चुम्बकीय ध्रुव पर पहुँचने के प्रथम प्रयास ड्यूमॉण्ट डी' यूरेविली (एक फ्रांसीसी) तथा चार्ल्स विल्केस (एक अमेरिकी) द्वारा किए गए थे, जो 66^0 दक्षिण व 144^0 पूर्व तक पहुँचे थे। विल्केस ही वह प्रथम व्यक्ति थे, जिन्होंने इसे अंटार्कटिक महाद्वीप कहा था।

दक्षिणी चुम्बकीय ध्रुव धीरे-धीरे उत्तर की ओर अपसरित हो रहा है। पृथ्वी के चुम्बकीय ध्रुव वे बिन्दु हैं, जहाँ एक कम्पास सुई ऊर्ध्वाधर खड़ी हो जाएगी।

5 मार्च, 1843: कैप्टन जेम्स क्लार्क रॉस (आर्कटिक नौसंचालन में एक ब्रिटिश नौसेना अधिकारी) ने तीन बार अंटार्कटिक वृत्त को पार किया (1839 से 1843 के मध्य)। रॉस एक अद्वितीय व्यक्ति थे, उन्होंने 1829 से 1833 के दौरान आर्कटिक में साढ़े चार वर्ष व्यतीत किए थे। उन्होंने उत्तरी कनाडा में उत्तरी चुम्बकीय ध्रुव की स्थिति निर्धारित की थी और इसके तुरंत बाद उनको दक्षिणी चुम्बकीय ध्रुव के निर्धारण का उत्तरदायित्व भी सौंपा गया था। वे यह निर्धारित करने में सक्षम थे कि दक्षिणी चुम्बकीय ध्रुव विक्टोरिया लैण्ड में लगभग $75^0$30' दक्षिण व 154^0 पूर्व पर होना चाहिए, परन्तु वे वास्तविक स्थल का निर्धारण नहीं कर सके थे। अंततः 1909 में स्लेजों द्वारा की गई दुष्कर यात्रा के माध्यम से डगलस मॉवसन, ई. डेविड और ए. मेके दक्षिणी चुम्बकीय ध्रुव ($72^0$24' दक्षिण व 155^0 पूर्व रॉस द्वारा निर्दिष्ट स्थल से लगभग 370 किलोमीटर) पर पहुँचे थे।

वर्तमान में वास्तव में दक्षिणी चुम्बकीय ध्रुव पृथ्वी के वास्तविक दक्षिण ध्रुव से 1800 मील (2,900 किलोमीटर) दूर है, जबकि उत्तरी चुम्बकीय ध्रुव काफी सीमा तक वास्तविक उत्तरी ध्रुव के अति निकट है और यह 'मात्र' लगभग 360 मील (580 किलोमीटर) दूर है।

रॉस के अभियान में, एक बाईस वर्षीय जोसेफ डाल्टन हुकर नामक लड़का अंटार्कटिका के लिए रवाना हुआ था। इसके तुरंत पश्चात् हुकर एक महान प्रकृति-वैज्ञानिक तथा उन्नीसवीं शताब्दी के सर्वाधिक ख्यातिलब्ध वैज्ञानिक बनकर सामने आए। बाद में, 1865 में उनकी नियुक्ति प्रसिद्ध क्यू गार्डन्स के निदेशक के रूप में की गई। उनका देहांत 1911 में हुआ।

24 जनवरी, 1895: इस दिन अंटार्कटिका की महाद्वीपीय मुख्यभूमि पर प्रथम सुनिश्चित पदार्पण हुआ था। यह अभियान हेनरिक जॉन बुल नामक एक नार्वेजिअन

व्यवसायी ने प्रारम्भ किया था, जिन्होंने 20 सितम्बर, 1893 को एक पुराने 226 टन भार वाले पुनःनामित जलयान 'अंटार्कटिक' पर अपने इकतीस कर्मीदल सदस्यों के साथ टांसबर्ग, नार्वे से यात्रा का शुभारम्भ किया था।

शताब्दी के अंत तक प्रत्येक अंटार्कटिक अन्वेषक दक्षिण ध्रुव पर प्रथम बार अपना कदम रखना चाहता था जिससे वह इतिहास का एक भाग बन सके। इस प्रकार से दूरस्थ छोर की यात्रा की शुरुआत हुई। कैप्टन रॉबर्ट फ़ॉलकन स्कॉट (ब्रिटिश नागरिक) पहले व्यक्ति थे जिन्होंने इस चुनौती को स्वीकार किया था।

1901-1904 रॉबर्ट स्कॉट का डिस्कवरी अभियान

महीनों की तैयारी के पश्चात् स्कॉट ने अपने दल के साथ, जिसमें एडवर्ड विल्सन व अर्न्स्ट शेकलेटॉन भी शामिल थे, "डिस्कवरी" नामक जलयान पर 6 अगस्त, 1901 को अंटार्कटिका के लिए अपनी यात्रा प्रारम्भ की और 23 जनवरी, 1902 को रॉस हिममग्नतट पर पहुँचे। 4 फरवरी, 1902 को स्कॉट अंटार्कटिका के ऊपर प्रथम गुब्बारा आरोहण करने वाले प्रथम वैमानिक में से एक बन गए थे। 1901-04 के मध्य उनके दल ने दक्षिण ध्रुव तक पहुँचने के लिए अनेक प्रयास किए, परन्तु कई तरह की कठिनाइयों, जैसे प्रचण्ड हिमझंझावाती परिस्थितियों, शीतदंश, पर्याप्त मात्रा में भोजन का अभाव आदि के कारण वे वहाँ नहीं पहुँच सके थे। कुछ दल सदस्यों तथा स्लेज को खींचने वाले श्वान की रास्ते में ही मृत्यु हो गई थी। कुछ सदस्यों को स्कर्वी रोग (विटामिन सी की कमी से होने वाला रोग) हो गया था। अतः जब वे $82^0 17'$ दक्षिण तक पहुँच गए थे, जो कि दक्षिण ध्रुव से मात्र 850 किलोमीटर दूर था, तभी आकस्मिक रूप से अभियान को रद्द करना पड़ा था।

शेकलेटन्स हट

1907-1909 अर्न्स्ट हेनरी शेकलेटन का 'निमोर्ड अभियान'

1901-1904 के मध्य स्कॉट के "डिस्कवरी अभियान" में हुए इस तरह के पहले अनुभव और व्यक्तिगत क्षति से एक बार फिर 1907 में अंटार्कटिका के लिए उनकी वापसी '*निमोर्ड अभियान*' के नेता के रूप में हुई। 9 जनवरी, 1909 को शेकलेटन अपने सहयोगियों के साथ 88^{0}23' दक्षिण, जो दक्षिण ध्रुव से 180 किलोमीटर दूर था, तक पहुँचने में सफल हुए थे।

1910-1912 रोल्ड अमण्डसन का दक्षिण ध्रुव हेतु सफल अभियान

रोल्ड ई.जी. अमण्डसन, एक नार्वेजिअन अन्वेषक, ने पहली बार उत्तर ध्रुवीय द्रोणी (बेसिन) पर जाने की योजना बनाई, परन्तु कुछ कारणों से उन्होंने अपनी यात्रा अंटार्कटिका की ओर परिवर्तित कर दी थी। अन्य लोगों की असफलताओं से सबक लेते हुए, अमण्डसन ने अति सतर्कता बरतते हुए अपनी दक्षिण ध्रुव यात्रा को सुनियोजित ढंग से तैयार किया था। इसके लिए उन्होंने सर्वोत्तम वस्त्रों, उपकरणों, भोजन, श्वानों आदि के साथ-साथ अपने साथ ले जाने वाले दल सदस्यों का भी उपयुक्त रूप से चयन किया था। अमण्डसन और उनका दल 3 जून, 1910 को ओसलो, नार्वे से रवाना हुआ और 14 जनवरी, 1911 को रॉस हिममग्नतट के पूर्वी किनारे पर पहुँचा। अपने विलक्षण साहस का परिचय देते हुए अमण्डसन और उनके पाँच-सदस्यीय दल ने अंततः 14 दिसम्बर, 1911 को तीन बजे भौगोलिक दक्षिण ध्रुव 90^{0} दक्षिण पर पहुँचकर इतिहास रच डाला। उन्होंने वहाँ नार्वे का राष्ट्रीय ध्वज फहराया और दक्षिण ध्रुव पर सुरक्षित पहुँचने का कीर्तिमान स्थापित किया। अंततः 7 मार्च, 1912 को यह दल होबार्ट, ऑस्ट्रेलिया वापस पहुँचा।

अमण्डसन की सफलता की कुँजी उनके द्वारा उपयोग किए गए श्वान थे। वे उनके प्रति बड़े ही व्यावहारिक और असंवेदनशील थे। उन्होंने उत्तरी ग्रीनलैण्ड के श्वानों का चयन इस काम के लिए किया था क्योंकि उनका उपयोग ध्रुवीय परिस्थितियों के लिए किया जाता था। उन्होंने स्लेजों को खींचने के लिए तथा सहायता के लिए 97 श्वानों को रखा था। उसी समय उन्होंने एक योजना भी बनाई कि रास्ते में उनके कुछ श्वानों को मारकर उनका उपयोग ताजे माँस को खाने के रूप में किया जा सकेगा। अतः जब वे दक्षिण ध्रुव पहुँचे, तो साथ में ले जाए गए कुल 97 श्वानों में से मात्र 16 श्वान ही शेष रह गए थे।

ऊपरः
अभियान के दौरान सुरक्षित उत्तम भोजन, उपकरण व अन्य आपूर्तियाँ।

नीचेः
पूरी सुरक्षा के साथ स्लेजिंग के लिए पोशाक पहने हुए प्रोफेसर पॉल ब्रॉडी।

स्कॉट का दक्षिण ध्रुव के लिए दूसरा प्रयास

1901-1904 के मध्य दक्षिण ध्रुव पहुँचने के लिए किए गए अपने प्रथम प्रयास के असफल हो जाने के पश्चात् स्कॉट ने पुनः अंटार्कटिका के लिए अपने नेतृत्व में अभियान के संकल्प की घोषणा की। जलयान *"टेरा नोवा"* 1 जून, 1910 को ब्रिटेन से रवाना हुआ, परन्तु स्कॉट दक्षिण अफ्रीका से जलयान में शामिल हुए थे। जब जलयान मेलबोर्न, ऑस्ट्रेलिया से गुजर रहा था, तब स्कॉट को अमण्डसन का टेलीग्राम मिला कि उनका नार्वेजिअन दल भी दक्षिण ध्रुव के रास्ते पर है। अतः दो ऐतिहासिक प्रतियोगियों के मध्य प्रतिस्पर्धा प्रारम्भ हो गई कि कौन उनमें से वहाँ पहले पहुँचेगा। 9 जनवरी, 1912 को स्कॉट अपने चार अन्य सदस्यों के साथ $88^{0}23'$ दक्षिण पर शेकलेटन द्वारा पहले बनाए गए उनके कीर्तिमान को पार कर गए थे। अंततः अनेक संघर्षों से जूझने के पश्चात् अमण्डसन के पहुँचने के ठीक 33 दिनों बाद 17 जनवरी, 1912 को वे दक्षिण ध्रुव पर पहुँचे। नार्वेजिअन राष्ट्रीय ध्वज को देखकर स्कॉट की मनोदशा असंयमित हो गई थी। उन्होंने लिखा हैः *"ध्रुव हाँ, परन्तु*

उन प्रत्याशाओं से पृथक अत्यंत भिन्न हालातों के अन्तर्गत... ईश्वर की महानता! यह एक विस्मयकारी स्थान है और हमारे लिए काफी भयानक भी, किसी वरीयता के प्रतिफल की आशा के बिना यहाँ निरन्तर यत्नसिद्ध बने रहना होगा।" उन्होंने आगे लिखा: *"अब दौड़कर घर जाना है और संघर्षों का निर्भीकता से सामना करना है। मुझे आश्चर्य होगा यदि हम यह कर पाए।"* पूरा दल अवसाद में था और उन लोगों को 1290 किलोमीटर पैदल चलकर वापस आना पड़ा था। वे भोजन की कमी का सामना कर रहे थे, दुर्बल महसूस कर रहे थे और अवसाद में थे और फरवरी के दौरान उन सदस्यों में से दो सदस्यों का देहांत हो गया था।

सामने का पृष्ठ ऊपरः दक्षिण ध्रुव हेतु स्कॉट (हरा) और अमण्डसन (लाल) द्वारा चुने गए मार्ग, 1911-12

सामने का पृष्ठ नीचेः दक्षिण ध्रुव पर स्थित न्यू अमण्डसन-स्कॉट स्टेशन एक अभियांत्रिकीय चमत्कार है।

बाएँः पुराने समय में अभियानों के लिए श्वानों का उपयोग किया जाता था।

नीचेः दक्षिण ध्रुव पर स्कॉट का दल, 18 जनवरी, 1912 (बाएँ से दाएँ): (खड़े हुए) विल्सन, स्कॉट, ओएट्स, (बैठे हुए) बोवर्स, एडगर इवान्स।

70°S
Victoria Land
Ross Sea
Ross Island
Bay of
Whales
Ross Ice Shelf
Scott, Wilson & Bowers died
(about 03/30/1912)
Oates died
(03/17/1912)
Evans died
(02/17/1912)
Beardmore
Glacier
Axel Heiberg
Glacier
80°S
Scott
(01/17/1912)
Amundsen
(12/14/1911)
South Pole

GEOGRAPHIC
SOUTH POLE
ROALD AMUNDSEN
ROBERT F. SCOTT

90^0 दक्षिण पर भौगोलिक दक्षिण ध्रुव

बाएँः आधुनिक दिनों के परिवहन हेतु प्रयुक्त एक यूएस हरक्यूलस एयरक्राफ्ट।

दाएँ ऊपरः दक्षिण ध्रुव पर यूएस का अनुसंधान स्टेशन जो "अमण्डसन-स्कॉट स्टेशन" के नाम से लोकप्रिय है। इस स्टेशन का अब उपयोग नहीं किया जाता है।

22 मार्च, 1912 से वातावरण बहुत बुरा, लगभग बदतर हो चुका था और उनका ईंधन समाप्त हो गया था। 29 मार्च, 1912 को स्कॉट ने अंततः अपनी डायरी में लिखाः *"हमलोग कमजोर हो रहे हैं और अंत दूर नहीं हो सकता है। यह बड़ा ही कारुणिक प्रतीत हो रहा है, परन्तु मैं ऐसा नहीं सोचता, मैं और बहुत कुछ लिख सकता हूँ। भगवान के लिए हमारे परिवारों की देखभाल कीजिए।"* स्कॉट तथा दो अन्य दल के सदस्यों विल्सन तथा बॉवर्स के हिम में जमे मृत शरीर आठ महीने बाद एक खोजी दल द्वारा ढूँढ़ निकाले गए। स्कॉट और उनके दल की मृत्यु पूरे विश्व का मुख्य समाचार बन गए थे। अमण्डसन ने टिप्पणी करते हुए लिखा : *"मैं स्कॉट का वह अंतिम संदेश नहीं पढ़ सकता जो मेरी भावनाओं को उद्वेलित करता हैं। और मैं सोचता हूँ कि जब वे बहादुर लोग उस निकृष्ट हिम में चिरनिद्रा में लीन हो रहे थे, तब मैं ऑस्ट्रेलिया में सौम्य गरमाहट और सुखद आरामदेह स्थान में भाषण दे रहा था।* (अमण्डसन 7 मार्च, 1912 को दक्षिण ध्रुव से ऑस्ट्रेलिया लौट आए थे।) ब्रिटेन के महाराजा के अलावा, संयुक्त राज्य अमेरिका के राष्ट्रपति विलियम टॉफ्ट ने भी स्कॉट की मृत्यु पर शोक प्रकट किया था, जिसका विश्व स्तर पर व्यापक प्रभाव पड़ा था। दक्षिण ध्रुव पर स्थित अमेरिकी अनुसंधान स्टेशन का नाम *अमण्डसन-स्कॉट* स्टेशन उनकी स्मृति में ही रखा गया था।

इसके तुरंत बाद ही, राष्ट्रवादी प्रेरणास्पद प्रयोजन, व्यक्तिगत महत्वाकांक्षाएँ, साहस के प्रति प्रेम, ज्ञान-पिपासा, व्यावसायिक दोहन की प्रत्याशा और अनेक अन्य तथ्यों ने मनुष्य को महाद्वीप के अन्वेषण हेतु आकर्षित किया।

अंटार्कटिका का 98% से भी अधिक भाग हिमाच्छादित है। यह समस्त महाद्वीपों में सर्वाधिक शुष्क है, जहाँ विश्व के ताजे जल का लगभग 90% बर्फ के रूप में भण्डारित है। महाद्वीप के चारों ओर दक्षिणी महासागर है, जो अंटार्कटिक शीतकाल के दौरान बर्फ से जम जाता है।

बाएँः स्काइ-डू, एक हिम स्कूटर पर बैठे डॉ. कासिम।

नीचेः भारतीय तट को छोड़ता हुआ अंटार्कटिका की ओर अग्रसर पोलर सर्किल।

भारत की अंटार्कटिक यात्रा

डॉ. एस. ज़ेड कासिम के प्रथम अंटार्कटिक यात्री के रूप में अनुभव

डॉ. एस. ज़ेड कासिम प्रथम भारतीय अंटार्कटिक वैज्ञानिक अभियान के नेता के शब्दों में:

> **9 जनवरी, 1982:** डॉ. एस. ज़ेड कासिम के नेतृत्व में भारतीय दल अंटार्कटिका पहुँचा। प्रथम भारतीय अंटार्कटिक वैज्ञानिक अभियान की प्रेरणा भारत की भूतपूर्व प्रधानमंत्री स्व. श्रीमती इन्दिरा गाँधी थीं, जिनकी पहल और अभिरुचि ने इस हेतु मार्ग प्रशस्त किया।

भारतीय अंटार्कटिक अभियान की उत्पत्तिः

सन् 1980 के दौरान, जब अंटार्कटिक अभियान पर भेजने का विचार चल रहा था, तब इस जोखिम से भरे कार्य को कर पाने को लेकर अनेक संशय और अनिश्चितता बनी हुई थी। उस समय मैं गोवा में भारत के अग्रणी समुद्र वैज्ञानिक संस्थान, राष्ट्रीय समुद्र विज्ञान संस्थान का निदेशक था। मैं 17 जनवरी, 1981 से 5 फरवरी, 1981 तक हिन्द महासागर क्षेत्र में पोलीमेटेलिक नोड्यूल्स के अन्वेषण हेतु की गई एक ऐतिहासिक समुद्री यात्रा में प्रमुख वैज्ञानिक के रूप में जलयान पर था। पोलीमेटेलिक नोड्यूल का प्रथम प्रादर्श 26 जनवरी, 1981 को निकाला था। तदन्तर ज्ञात हुआ कि पश्चिमी हिन्द महासागर में इन नोड्यूलों के विशाल भण्डार हैं। इन नोड्यूलों में मैंगनीज़ और आयरन के अलावा ताँबा, निकेल और कोबाल्ट भी पाए जाते हैं। इस समुद्री भेदन के साथ ही भारत गहरे समुद्र में खनिजों के अन्वेषण करने के क्षेत्र में प्रवेश करने वाला तीसरी दुनिया का पहला और पूरे विश्व का सातवाँ देश बन गया था। इस तरह भारत को समुद्रतलीय खनन के लिए अभिनव अन्वेषकों में से एक के रूप में मान्यता मिली।

मई 1981 के मध्य में मैंने नए बने पर्यावरण विभाग (वर्तमान में पर्यावरण एवं वन मंत्रालय), भारत सरकार, नई दिल्ली के प्रथम सचिव के रूप में पदभार

बाएँः श्रीमती इन्दिरा गाँधी, भारत की तत्कालीन प्रधानमंत्री।

दाएँः प्रथम भारतीय अभियान के सदस्य अपने कर्मीदल के साथ गोवा से उनकी रवानगी के पश्चात् ।

ग्रहण किया था। जैसा कि अधिकारिक तौर पर कैबिनेट सचिव से भेंट करना एक अनिवार्यता होती है, अतः मैं भी पदभार ग्रहण करने के बाद भारत के तत्कालीन कैबिनेट सचिव, श्री सी. आर. कृष्णास्वामी राव साहब से साउथ ब्लॉक स्थित उनके ऑफिस में मिलने गया। भेंट के दौरान उन्होंने सहज ही मुझसे पूछा कि, क्योंकि मुझे महासागरों के विषय में अधिक अनुभव है, तो क्या यह सम्भव है कि भारत अंटार्कटिका जा सकता है। इस प्रश्न के लिए मेरा उत्तर सकारात्मक था और इसके बाद हमारी भेंट समाप्त हो गई। इसके बाद, कैबिनेट सचिव जब तत्कालीन प्रधानमंत्री श्रीमती इन्दिरा गाँधी से मिले, तब उन्होंने उनसे उल्लेख किया कि पर्यावरण के नए सचिव, डॉ. एस. ज़ेड कासिम, जिन्होंने हाल ही में दिल्ली में अपना पद ग्रहण किया है, अंटार्कटिका के लिए भारत की प्रस्तावित यात्रा के प्रति उनका आत्मविश्वास अत्यंत दृढ़ है। सरकार और मेरे बीच इस विषय पर हल्के-फुल्के तरीके से हुई यह बात अब गम्भीरता ले चुकी थी और यही कारण था कि उस समय अंटार्कटिका के लिए भारत की यात्रा के प्रस्ताव पर विचार के लिए प्रधानमंत्री ने मुझसे मिलने की इच्छा जाहिर की और अंटार्कटिका के लिए भारतीय अभियान की सम्भावनाओं के विषय में विचार-विमर्श करना चाहा। इसके बाद शीघ्र ही मैं कैबिनेट सचिव के साथ श्रीमती गाँधी से मिला और उन्होंने मुझसे अंटार्कटिका के लिए भारत के अभियान की सम्भाव्यता के विषय में पूछा। मेरा उत्तर लगभग पहले जैसा ही था। वे जानना चाहती थीं कि मूलभूत आवश्यकताएँ क्या हो सकती हैं, यदि हम एक अव्यवहृत यात्रा पर जाते हैं तो। मैंने उल्लेख किया कि सबसे पहली आवश्यकता तो एक उपयुक्त हिम-भंजक जलयान को अवक्रयित करना होगा, जो इसके पहले भी अंटार्कटिका जा चुका हो। उसमें हिम-सशक्तता वाला दोहरा जलयानपेटा (हुल) होना चाहिए ताकि पैने हिम बोल्डरों की मार से जलयान के दुर्घटनाग्रस्त होने की स्थिति में भी वह सुरक्षित रह सके। दूसरी प्रमुख आवश्यकता यह थी कि जलयान के कैप्टन के पास पहले भी

अंटार्कटिका जाने का पूर्व अनुभव होना चाहिए और इस तरह उसके पास बर्फ़ीली परिस्थितियों में नौसंचालन का अनुभव होना अत्यंत आवश्यक था।

नेता की यात्राः प्रधानमंत्री द्वारा जुलाई 1981 में अभियान के प्रारम्भण का अंतिम निर्णय लिया गया और इसको *"ऑपरेशन गंगोत्री"* नाम दिया गया। वैज्ञानिक एवं औद्योगिक अनुसंधान परिषद् (सीएसआईआर) को प्रमुख संस्थान के रूप में साथ ही राष्ट्रीय समुद्र विज्ञान संस्थान को समन्वयक एजेंसी के रूप में प्रथम अभियान हेतु चयनित किया गया। देश के सात संस्थानों के उत्कृष्ट श्रेणी वैज्ञानिकों में से अत्यंत सुविचारित रूप से चयन किए गए तेरह वैज्ञानिकों तथा भारतीय रक्षा सेनाओं से लिए गए आठ सम्भारिक जनों को मिलाकर 21-सदस्यीय दल तैयार किया गया था। सख्त चिकित्सकीय जाँचों व मनोवैज्ञानिक परीक्षण के पश्चात् दल को विविध पहलुओं से सम्बद्ध अनुकूलन प्रशिक्षण हेतु हिमालय के ठण्डे भागों में प्रशिक्षण कैम्प में भेजा गया। अंततः *6 दिसम्बर, 1981* को भारतीय दल बारह समुद्र कर्मीदल सदस्यों के साथ नार्वे से अवक्रयित *एम.वी. पोलर सर्किल* नामक हिमभंजक जलयान पर आरूढ़ होकर गोवा से रवाना हुआ। कर्मीदल के लिए सबसे बड़ी चुनौतियों में से एक चुनौती कोलाहलपूर्ण चत्वारिंशतों (रोअरिंग फोर्टीस) को पार करना था, जो 40-50^0 दक्षिण अक्षांश के मध्य स्थित हैं। समुद्र अत्यधिक रूक्ष और ऊँची-ऊँची लहरों के साथ अत्यंत भयावह था। सदस्यों के लिए कुछ भी खाना और सोना असम्भव था क्योंकि दल के सभी सदस्यों के लिए इस तरह का पहला अनुभव था। इस बाधा को पार करने के पश्चात् अगली रुकावट 55^0 दक्षिण पर प्लावी हिमपुँजों को पार करना था। समुद्री जल के जम जाने के कारण विशाल मात्रा में बर्फ का निर्माण हो गया था। जैसे

डॉ. एस. ज़ेड. कासिम, प्रथम भारतीय वैज्ञानिक अभियान के नेता, अंटार्कटिका पहुँचने पर 9 जनवरी, 1983 को वहाँ तिरंगा फहराते हुए।

अ

ब

द

अ) प्रथम अभियान हेतु कैम्पिंग स्थल

ब) प्रथम अभियान के दौरान वैज्ञानिक गतिविधियों में व्यस्त।

स) कैम्पिंग स्थल के निकट लंगर डालकर खड़ा किया गया जलयान पोलर सर्किल। नौसेना के हेलिकॉप्टर को भयंकर हिमझंझावात से बचाने के लिए ढँका जा रहा है।

द) पैंग्विनों को देखते हुए डॉ. कासिम।

ख

स

क

ग

क) महाद्वीप के अन्वेषण हेतु अग्रणी नेतृत्व।

ख) कई महीनों की सुदीर्घ यात्रा के पश्चात् आराम करते हुए।

ग) प्रथम विजयी दल का शानदार स्वागत।

ही जलयान दक्षिणी गोलार्द्ध की ओर निर्देशित 60^0 दक्षिण की ओर आगे बढ़ रहा था, बर्फ की मोटाई भी बढ़ती जा रही थी, कहीं-कहीं तो अनेक स्थानों पर बर्फ की पर्वतश्रेणियाँ बन गई थीं। अक्सर ही जलयान मोटी बर्फ में अटक जाता था और ऐसे समय में पीछे से आगे तक जल को पम्प करना पड़ता था, जिससे बर्फ के अवरोध को गर्म करके पिघलाया जा सके। सात दिनों तक निरन्तर जलयान बर्फ तोड़ता रहा था और वातावरणीय परिस्थितियाँ अत्यंत निम्न दृश्यता के साथ अत्यंत दुष्कर थीं। बर्फ की मोटाई भी बहुत अधिक थी, इसलिए मुख्य महाद्वीप को पहचान पाना कठिन था और हम रास्ता भटक गए थे। प्रतिकूल वातावरण, अनिद्रा, गहरा मनोवैज्ञानिक दबाब, मानवीय सभ्यता से सुदीर्घ पृथकता और मृत्यु का भय, ये समस्त कारक सदस्यों के मन पर बुरी तरह हावी हो रहे थे। प्रत्येक व्यक्ति अंटार्कटिका पहुँचने की आशा खो चुका था और अपनी भारत वापसी को भूल गया था। परन्तु दल का नेता होने के नाते मैंने आशा नहीं खोई थी। मैं हमेशा अपने दल का मनोबल बढ़ाने के लिए कहता था कि *"साथियो, मैं अपनी सुरक्षा के लिए चिन्तित नहीं हूँ....... मृत्यु सड़क दुर्घटना में, सोते समय या फिर अनेक दूसरे तरीकों से कभी भी आ सकती है, परन्तु इस अभियान से आई हमारी मृत्यु हमारे लिए कहीं अधिक सौभाग्यपूर्ण होगी कि हम अपने देश के लिए न्यौछावर हुए। यदि हम अभी शहीद हो जाते हैं, तो पूरे देश की 68 करोड़ जनता हमारा शोक मनाएगी।"* मैंने दल के सभी सदस्यों को पूर्ण आत्मविश्वास तथा आशावादिता के साथ निर्भीकता से अपने मिशन को कामयाब बनाने के लिए सतत् तत्पर रहने के लिए प्रेरित किया। इसी बीच हमने भूमि पर उतरने के लिए तीन बार प्रयास किए, परन्तु ऐसा नहीं कर सके। जब प्रत्येक व्यक्ति ने बिना भूमि पर उतरे ही वापस लौटने का निर्णय लिया, तब मैंने सदस्यों से कहा कि आप वापस जा सकते हैं, परन्तु मैं नहीं जाऊँगा। उसी समय मैंने जलयान से हेलिकॉप्टर लेने का निर्णय लिया जिससे कि मैं अपने मिशन को पूर्ण कर सकूँ। मैंने अपने सभी सदस्यों से कहा "हम भारत के लोगों को क्या मुँह दिखाएँगे, यदि हम इस मिशन में असफल हो जाते हैं! अन्तर्राष्ट्रीय बिरादरी के समक्ष हमारे देश की प्रतिष्ठा मिट्टी में मिल जाएगी।" अकस्मात ही सौभाग्य ने हमारी ओर करवट ली और बड़े ही चमत्कारी ढंग से वातावरण परिवर्तित हो गया और हमको एक जापानी जलयान "फुजी" दिखाई दिया। 8 जनवरी को हममें एक बार फिर आशा की किरण दिखाई दी और जलयान को आगे बढ़ने की अनुमति मिली। इस तरह हमारे चौथे प्रयास के तहत हमने निर्णय लिया कि तट तक पहुँचने के लिए हेलिकॉप्टर ऊपर से रास्ता बताते हुए हमको मार्ग निर्देशित करेगा। अंततः इस अंतिम प्रयास के साथ हमारा अभियान 9 जनवरी, 1982 को भारतीय समयानुसार प्रातः 3 बजे अंटार्कटिका की भूमि पर पदार्पण कर पाने में सफल हुआ।

ऊपरः नई दिल्ली में डॉ. एस. ज़ेड. कासिम को सम्मानित करती हुईं तत्कालीन प्रधानमंत्री।

नीचेः श्रीमती इन्दिरा गाँधी से अभियान के सदस्यों का परिचय कराते हुए डॉ. कासिम।

राष्ट्र की विजय के प्रतीक के रूप में मैंने अपने दल सदस्यों के साथ 9 जनवरी, 1982 को अंटार्कटिका पर भारतीय तिरंगा फहराया और इस तरह भारत ने ध्रुवीय विज्ञान में अपनी नींव रखी। अंटार्कटिका पहुँचने पर, सबसे पहला और सबसे अधिक आनंदकारी अनुभव था- वहाँ के निवासी प्राणियों-पैंग्विनों और सीलों के दर्शन करना। हमने शीघ्र ही भारत के साथ संचार सम्पर्क स्थापित किया और मैंने प्रधानमंत्री को हमारे सफलतापूर्वक अंटार्कटिका पहुँचने के शुभ समाचार से अवगत कराया। प्रधानमंत्री ने कहा *"निःसंदेह यह एक रोमांचित कर देने वाला समाचार है कि हमारा भारतीय अभियान अंटार्कटिका की धरती पर अपना कदम रख चुका है। मेरी*

सफलतापूर्वक सम्पन्न अभियान के पश्चात् अन्य भारतीय वैज्ञानिकों से बधाई लेते हुए डॉ. कासिम।

बहुप्रतीक्षित अभिलाषा पूर्ण हुई----------इस अभिनव क्षेत्र में हमारी गहरी अभिरुचि है और इसकी एक जीवंत महत्ता भी है। यह हमें विज्ञान की महानतम सफलता के शिखर की ओर ले जाएगा।"

दल ने आधार शिविर निर्मित किया और आवश्यक अन्वेषण तथा प्रयोग सफलतापूर्वक सम्पादित किए। अंततः हम अंटार्कटिका से वापसी के लिए रवाना हुए और 21000 किलोमीटर की दूरी तय करके अभियान दल 21 फरवरी, 1982 को वापस गोवा लौटा। अभियान की कुल अवधि 77 दिनों की रही।

अभियान की सफलतापूर्ण सम्पन्नता के पश्चात् श्रीमती गाँधी ने अपने वक्तव्य में कहा "इस अभियान ने हमको समुद्र तथा सर्वाधिक अननुमेय व प्रतिकूल वातावरणीय परिस्थितियों में हिमीय महाद्वीप पर कार्य करने का सुअवसर प्रदान किया है। अनेक निर्धारित कार्य सफलतापूर्वक सम्पन्न किए गए हैं और प्राप्त वैज्ञानिक आँकड़ों से स्पष्ट है कि पूर्ण समर्पण व अभिनव जोश के साथ भारतीय वैज्ञानिक प्रारम्भिक प्रत्याशा से भी अधिक और बहुत कुछ कर सकने की प्रवीणता रखते हैं। इससे उच्चस्तरीय अंटार्कटिक अन्वेषण को कर पाने की भारत की वैज्ञानिक क्षमता भी सिद्ध हुई है ......।"

प्रधानमंत्री ने अभियान दल के प्रत्येक सदस्य से भेंट की, उनके साथ एक समूह फोटो भी खिंचवाया और सदस्यों को सुन्दर स्मृति चिन्ह प्रदान किए।

इस तरह प्रथम अभियान ने भारत में ध्रुवीय अनुसंधान की नींव रख दी थी। इसके अन्तर्गत मौसम विज्ञान तथा जलविज्ञान से सम्बद्ध महत्वपूर्ण वैज्ञानिक आँकड़े एकत्रित किए गए, एक स्वचालित मौसम अभिलेखन स्टेशन स्थापित किया गया, नौसंचालन उपकरण तथा स्थिति-निर्धारण यंत्र का उपयोग किया गया, अंटार्कटिक अभिसारिता के भौतिक लक्षणों का अध्ययन किया गया, रेडियो तरंग प्रसारण पर प्रयोग किए गए, मग्नतटीय जलों, हिममग्नतट, ताजे जल की झीलों, दक्षिण-पश्चिम हिन्द महासागर में वितरित सूक्ष्ममात्रिक धातुओं, एरोसोल कणों के रासायनिक अध्ययन किए गए, समुद्र संस्तरों के तलछट वैज्ञानिक अध्ययन किए गए, शैलप्रादर्शो के गुणधर्मों का अध्ययन किया गया, मेटापेलाइट के भूरासायनिक अध्ययन किए गए, मग्नतटीय जलों, प्राणिप्लवकों, जैवभार, नितलस्थ (बेन्थिक) प्राणिजातों, समुद्री पक्षियों, समुद्री स्तनधारियों आदि की जीव वैज्ञानिक उत्पादकता के अध्ययन किए गए। इसके अलावा, स्थायी स्टेशन के स्थान के लिए हिममग्नतट क्षेत्रों व क्वीन मॉडलैण्ड क्षेत्र के भी सर्वेक्षण किए गए। हमारी उत्तम भारतीय परम्पराओं का अनुसरण करते हुए प्रथम अंटार्कटिक दल ने एक आश्रय-कुटीर स्थापित किया और उसमें भोजन, ईंधन, औषधियाँ आदि को भण्डारित करके रखा ताकि भविष्य में अन्य दलों द्वारा इनका उपयोग किया जा सके। वैज्ञानिक दल के कुछ सदस्यों ने पड़ोसी रशियन स्टेशन नोवोलाझरेव्सकाया का दौरा किया और अपनी-अपनी संभारिक व वैज्ञानिक सूचनाओं का आदान-प्रदान किया। इस अभियान की महत्वपूर्ण उपलब्धियों में से एक उपलब्धि एक स्वचालित मौसम स्टेशन की स्थापना थी जिसके द्वारा एक वर्ष तक अंटार्कटिका के मौसमी आँकड़े कैसेट अभिलेखक पर निरन्तर अभिलेखित होते रहने की व्यवस्था की गई थी। यह स्टेशन श्रीमाचेर पर्वत क्षेत्र में स्थापित किया गया था। यह कैसेट अभिलेखक के समाप्त होने तक लगभग एक साल तक लगातार काम करने वाला था। जब दूसरे अभियान का दल इस स्थल पर पहुँचा तो उसने उस कैसेट को पुनः प्राप्त किया। प्रथम अभियान के दौरान की अन्य महत्वपूर्ण ऐतिहासिक घटनाओं में एक थी समुद्र के अन्दर एक पर्वत की खोज, जिसका नाम इन्दिरा पर्वत रखा गया और दूसरी घटना वहाँ ठहरने के दौरान अभिलेखित भूचुम्बकीय तीव्रता थी, जो कभी-कभी चुम्बकीय तूफानों का आना दर्शाती थी।

प्रथम भारतीय अंटार्कटिक अभियान के प्रमुख उद्देश्य निम्नानुसार थेः-

1. अध्ययनों की पहल करना, निर्माण सुविधाओं की शुरुआत तथा विभिन्न समुद्र वैज्ञानिक विधाओं पर प्रेक्षण करना।
2. सतत् आँकड़ा एकत्रण कार्यक्रम व अध्ययनों को लगातार जारी रखना व उनको बल प्रदान करना।

3. भारतीय वैज्ञानिक व आर्थिक संदर्भों के दृष्टिकोण से कार्यक्रम की महत्ता निर्धारित करना और इस क्षेत्र में भारतीय विज्ञान हेतु इनको एक अभिनव क्षेत्र के रूप में स्थापित करना।

***दक्षिण गंगोत्री* की स्थापनाः** एक स्थायी आधार स्टेशन, जहाँ पूरे वर्ष के दौरान, यहाँ तक कि शीतकालीन महीनों में भी सतत् वैज्ञानिक प्रेक्षण व अनुसंधान किए जा सकें, की आवश्यकता प्रबलता से महसूस की गई। अतः 81 सदस्यों का तीसरा भारतीय अभियान 3 दिसम्बर, 1983 को फिनलैण्ड से अवक्रयित हिमभंजक जलयान *"फिनपोलेरिस"* पर बड़ी मात्रा में पूर्वनिर्मित इमारत सामग्री लेकर रवाना किया गया।

इस तरह भारत के प्रथम स्थायी स्टेशन का निर्माण प्रारम्भ हुआ। स्टेशन दो मंजिला वाले खण्डों से बना था, जो एक दूसरे से एक सँकरे गलियारे द्वारा जुड़े हुए थे। इसकी इमारत इमारती लकड़ी से बने पूर्वनिर्मित पैनलों से बनाई गई थी, जिसको ऊष्मारोधी पदार्थ द्वारा भरा गया था। संरचना का बाहरी भाग ऊष्मारोधी पदार्थ की मोटी परत द्वारा संरक्षित किया गया था। इमारत में दो खण्ड थे, जिनमें से प्रथम खण्ड में आवश्यक सेवाएँ, जैसे जनरेटर, ईंधन-आपूर्ति-तंत्र, कार्यशाला, भण्डार कक्ष आदि उपलब्ध थीं, जबकि दूसरे खण्ड में अनुसंधान प्रयोगशाला, रसोई कक्ष, आवासीय कक्ष, शौचालय आदि थे। स्टेशन में तीन बड़े जनरेटरों के माध्यम से चौबीसों घण्टे बिजली आपूर्ति की जाती थी। यहाँ अन्दर के तापमान को 150 सेंटीग्रेड पर नियमित रखने के लिए एक सुव्यवस्थित केंद्रीय ऊष्मा तंत्र भी लगाया गया था। मनोरंजन के लिए वहाँ म्यूज़िक सिस्टम, वीसीआर, टेबल टेनिस, व्यायामशाला और अन्य भीतरी सुविधाएँ भी उपलब्ध थीं।

भारतीय ध्रुवीय विज्ञान का सबसे महत्वपूर्ण ऐतिहासिक समय वह था, जब प्रथम स्थायी स्टेशन *दक्षिण गंगोत्री* (डीजी) तीसरे अभियान के दौरान हिममग्नतट ($70^0$05'

सामने का पृष्ठ ऊपरः 16 जनवरी, 1984 को छत को भारतीय तिरंगे के रंगों से पेंट किया गया।

सामने का पृष्ठ नीचेः दक्षिण गंगोत्री में 15 अगस्त, 1984 को भारत का स्वतंत्रता दिवस मनाते हुए।

दाएँः बीच रास्ते में निर्माण।

29 दिसम्बर, 1983 को दक्षिण गंगोत्री के निर्माण के लिए नींव रखी गई।

भारत का दूसरा स्थायी अनुसंधान स्टेशन मैत्री श्रीमाचेर मरुद्यान में बनाया गया।

दक्षिण अक्षांश व $12^{0}00'$ पूर्व देशांतर) पर स्थापित किया गया। इस अभियान में बारह सदस्यों का प्रथम *शीतकालीन दल* भी शामिल था। तीसरे अभियान के दौरान ही स्थायी संचार तंत्र भी स्थापित किया गया था। इसी अभियान के दौरान जीववैज्ञानिक समुद्रविज्ञान का विस्तृत कार्यक्रम प्रारम्भ किया गया था। देश पहले दो अभियानों की उपलब्धियों का समेकन कर रहा था और भविष्य के लिए योजनाएँ बना रहा था, जिससे कि वह उच्चस्तरीय अंटार्कटिक विज्ञान अनुसंधान के संचालन के प्रति अपनी सतत् अभिरुचि साबित कर सके तथा इसमें अपनी क्षमताओं को सिद्ध कर सके। 19 अगस्त, 1983 को भारत अंटार्कटिक संधितंत्र में शामिल किया गया और उसके तुरंत बाद ही 12 सितम्बर, 1983 को उसे परामर्शक का दर्जा मिल गया। 1 अक्टूबर, 1984 को, भारत अंटार्कटिक अनुसंधान वैज्ञानिक समिति (स्कार) में भी शामिल हो गया और उसके बाद 1986 में भारत अंटार्कटिक समुद्री जैव संसाधन संरक्षण अनुबंध (सीसीएएमएलआर) का सदस्य बना।

दक्षिण गंगोत्री (डीजी) को सन् 1990 में कार्यमुक्त कर दिया गया था और उसे एक आपूर्तिगृह में बदल दिया था। प्रथम स्टेशन दक्षिण गंगोत्री से निम्नतापीय संरचनात्मक अभियांत्रिकी के लिए प्राप्त की गई प्रवीणता व ज्ञान को देशज उद्यमों के माध्यम से दूसरे भारतीय स्टेशन मैत्री की स्थापना पर पूर्णतया लागू किया गया।

द्वितीय भारतीय स्थायी स्टेशन *मैत्री* की स्थापनाः जैसा कि बर्फ पर पड़े किसी भी पदार्थ के लिए यह तथ्य एकदम सत्य है कि वह धीरे-धीरे डूब जाता है, वही प्रथम स्टेशन *दक्षिण गंगोत्री* के साथ भी हुआ। अब तक इसमें सुरक्षित रह सकने की प्रतिश्रुति (वारण्टी) अवधि समाप्त हो गई थी, अतः दक्षिण से सौ किलोमीटर से भी कम दूरी पर श्रीमाचेर नामक चट्टानी पर्वतश्रेणियों पर एक नए स्टेशन को स्थापित किया गया और उसका नाम *मैत्री* रखा गया। इस स्टेशन का निर्माण कार्य सातवें अभियान (1987-88) के दौरान प्रारम्भ किया गया और आठवें अभियान (1988-89) के दौरान इसका निर्माण पूरा हुआ। इस अभियान की महत्वपूर्ण विशेषताओं में से एक विशेषता एक युवा अनुसंधानवेत्ता दीनबन्धु साहू (वर्तमान में दिल्ली विश्वविद्यालय के संकाय सदस्य तथा इस प्रकाशन के सहलेखक) की भागीदारी थी। वे भारतीय अंटार्कटिक वैज्ञानिक अभियान में भाग लेने वाले प्रथम भारतीय शोधार्थी थे।

बाएँः स्नोस्कूटर को ड्राइव करते दीनबन्धु साहू

नीचेः 26 जनवरी, 1988 को *दक्षिण गंगोत्री* में दिल्ली विश्वविद्यालय का ध्वज फहराते हुए साहू

प्रथम भारतीय छात्र की अंटार्कटिक यात्रा

डॉ. दीनबन्धु साहू, प्रथम भारतीय अंटार्कटिक शोधार्थी के दृष्टिकोण से

दिल्ली विश्वविद्यालय से वनस्पतिशास्त्र में स्नातकोत्तर करने के पश्चात् मैंने पीएच. डी. के लिए अपना रजिस्ट्रेशन कराया। मेरा अनुसंधान क्षेत्र समुद्री शैवाल था, जिसे सामान्यतया समुद्री घास के नाम से जाना जाता है। चूँकि मैं ओडिशा के समुद्रतटीय शहर पुरी का रहने वाला हूँ, इसलिए हमेशा मेरा लगाव महासागरों से रहा है और मैं उनका अन्वेषण करना चाहता था। मेरी हमेशा से इच्छा थी कि अन्वेषण व जोखिमपूर्ण कार्यों के माध्यम से बहुत कुछ सीखा जाए। इसलिए अक्सर ही मैं अपने अनुसंधान के लिए सामग्री एकत्रित करने के उद्देश्य से भारतीय तटरेखा के विभिन्न दूरस्थ भागों की यात्रा करता रहता था। 1987 के शुरुआत की बात है, एक दिन मैंने भारतीय अंटार्कटिक वैज्ञानिक अभियान में भाग लेने के लिए वैज्ञानिकों के चयन से संबंधित एक विज्ञापन देखा। उसके बाद मेरे दिमाग में अनेक विचार कौंधने लगे: क्या मेरे लिए यह सम्भव होगा कि मैं इसमें भाग ले सकूँ? मैं उसको कैसे पा सकता हूँ? क्या भारत सरकार मेरा चयन करेगी? क्या मैं अन्य वैज्ञानिकों के साथ प्रतिस्पर्धा कर सकता हूँ क्योंकि मैं केवल एक शोधार्थी हूँ? क्या विश्वविद्यालय मेरे आवेदन को अग्रसारित करेगा? ये ऐसे वो प्रश्न थे जो मेरे मन को परेशान कर रहे थे और जिनके उत्तर मेरे पास नहीं थे। एक सुबह मैंने अपना स्कूटर उठाया और सीधे महासागर विकास विभाग (वर्तमान में पृथ्वी विज्ञान मंत्रालय) के लिए चल दिया, जिससे वहाँ जाकर अभियानों सम्बंधी जानकारियाँ हासिल कर सकूँ। मंत्रालय में इस प्रस्ताव से सम्बद्ध अधिकारी ने मुझसे कहा कि यह बहुत अधिक कठिन प्रतियोगिता है। उन्होंने मुझे सलाह दी कि मैं इसमें भाग लेने की बात को भूल जाऊँ क्योंकि यह अत्यंत उच्चस्तरीय विख्यात वैज्ञानिकों के लिए है। उन्होंने कहा तुम केवल एक शोधार्थी हो और हमारे पास उस तरह की महत्वपूर्ण गतिविधि जिसकी अपनी राष्ट्रीय महत्ता है, जिसके लिए सरकार अत्यधिक धन खर्च करती है, में किसी शोधार्थी के लिए कोई प्रावधान नहीं है।

उस दोपहर को मैं बड़ा ही उत्साहहीन और हताश होकर अपनी प्रयोगशाला लौट आया, परन्तु मैं किसी भी काम में अपना मन केंद्रित नहीं कर पा रहा था, मैं बड़ा ही व्यथित महसूस कर रहा था।

अगले दिन मैंने एक परियोजना तैयार की और मेरे मार्गनिर्देशक स्व. प्रोफेसर एम.आर. विजयराघवन को दिखाया, उनको मेरा विचार पसंद आया और अभियान के लिए आवेदन करने हेतु मुझे प्रोत्साहित किया। मेरे मार्गनिर्देशक के आशीर्वाद एवं शुभकामनाओं के साथ मैं आगे बढ़ा और अपना आवेदन जमा कर दिया। देश के अन्य भागों से मेरे जैसे अनेक प्रत्याशी शामिल थे। दिन गुजरे, सप्ताह गुजरे, माह गुजर गए, मेरा प्रत्येक दिन बड़ी उम्मीद, उत्सुकता और तनाव में व्यतीत हो रहा था, लेकिन साथ ही साथ कहीं एक कुतूहल और आशंका भी बनी रहती थी। एक दिन दोपहर में मुझे मेरे विभाग से एक टेलिफोनिक संदेश प्राप्त हुआ जिसमें कहा गया कि “आपको सचिव, महासागर विभाग, भारत सरकार से तुरन्त मिलने के लिए बुलावा आया है।”

मैं अत्यधिक भय के साथ, जैसा कि किसी भी शोधार्थी के मन में होना निहायत ही स्वाभाविक सी बात है, सचिव महोदय के ऑफिस गया। यह मेरे जीवन का सबसे सुखद क्षण था कि मैं प्रथम भारतीय अंटार्कटिक वैज्ञानिक अभियान के नेता एवं सचिव, महासागर विभाग, भारत सरकार, डॉ. एस. ज़ेड. कासिम से मिला। उन्होंने मुझे चाय के लिए आग्रह किया और मुझे एकदम तनावमुक्त होकर बैठने का सुअवसर प्रदान किया, हालाँकि मैं बहुत अधिक आशंकित था और किसी मूर्ति की भाँति स्थिर बैठा रहा। एक रोचक विचार-विमर्श के कुछ मिनटों पश्चात् उन्होंने मुझसे कहा कि उनके पास एक खुशखबरी है और वह यह कि मैं आगामी सातवें भारतीय अंटार्कटिक अभियान में भाग लेने के लिए प्रथम भारतीय शोधार्थी के रूप में चुन लिया गया हूँ। मेरी कल्पनाओं या स्वप्नों के विस्तारों में मैंने कभी नहीं सोचा था कि ऐसा कुछ भी होगा। मैं इस पर विश्वास नहीं कर पा रहा था और कुछ क्षणों के लिए तो मानो मैं अवाक् व निस्तब्ध रह गया था। यह मेरे जीवन का अत्यधिक खुशी का पल था, नहीं, वास्तव में यह मेरे जीवन के चरम आनंद का क्षण था। कुछ दिनों के बाद मंत्रालय से मुझे चिकित्सकीय परीक्षण तथा हाईएल्टीट्यूड वारफेयर स्कूल में प्रशिक्षण हेतु जाने के लिए एक आधिकारिक पत्र प्राप्त हुआ।

अभियान के पूर्व हिमालय पर हिमनद प्रशिक्षण

चिकित्सकीय स्वस्थता परीक्षण को सफलतापूर्वक उत्तीर्ण करने के पश्चात् मुझे जम्मू और कश्मीर में सोनमर्ग के निकट स्थित भारतीय सेना के हाईएल्टीट्यूड वारफेयर स्कूल (एचएडब्ल्यूएस) में पूरी तरह से अभ्यस्त होने व अनुकूलित होने के लिए

सामने के पृष्ठ बाएँ (दोनों):
हाई एल्टिट्यूड वारफेयर स्कूल, हिमालय में प्रशिक्षण

सामने के पृष्ठ दाएँ:
हिमदीवार पर चढ़ते हुए

निर्धारित प्रशिक्षण हेतु अन्य चयनित दल सदस्यों के साथ शामिल होने के लिए कहा गया। विविध प्रकार के प्रशिक्षणों, जैसे पर्वतारोहण, नदी पार करना, चट्टानों पर चढ़ना, हिमनदों पर चलना, बर्फ की दीवारों पर चढ़ना, हिमविदरों को पार करना और बचाव आदि से जीवन को एक व्यापक अनुभव प्राप्त हुआ। सर्वाधिक रोचक पहलू था - "इगलू प्रशिक्षण"। हमने वहाँ सीखा कि कैसे हिम और हिमझंझावातों में स्वयं को जीवंत बनाए रखना है। सम्भाव्यता की परिस्थितियों में कैसे कोई बर्फ को खोद सकता है और फिर उससे बर्फ की ईंटें बनाता है और उन ईंटों को जोड़कर एक इगलू बनाया जाता है और फिर उसके अंदर रहा जाता है। इगलू के अंदर यदि केवल एक मोमबत्ती भी जलाई जाती है तो इससे बहुत अधिक गर्मी मिल सकती है। इस प्रकार के प्रशिक्षण प्राप्त करना मेरे जीवन में एक अद्वितीय अनुभव था । मेरी दृष्टि में प्रत्येक व्यक्ति को इस तरह के प्रशिक्षण लेने चाहिए, इनसे न केवल आत्मविश्वास बढ़ता है, बल्कि यह भविष्य में भी सहायक होता है। 21 से 30 सितम्बर, 1987 के दौरान का दस दिनों का यह लघु परन्तु सख्त प्रशिक्षण एक महान अनुभव था और जो मेरी स्मृतियों में सदैव ताजा बना रहता है। यद्यपि हमारे स्टेशन कमाण्डर बहुत सख्त व्यक्ति और कठिन कार्यप्रशिक्षक थे, परन्तु अंत में यह सब कुछ अत्यधिक उपयोगी साबित हुआ।

तैयारीः

एचएडब्ल्यूएस (HAWS) में सफलतापूर्वक प्रशिक्षण पूरा करने के पश्चात् मुझे मेरा अभियान में भाग लेने का अंतिम चयनपत्र प्राप्त हुआ। पत्र में स्पष्ट रूप से समझाया गया था कि क्या करना है और क्या नहीं करना है। सबसे महत्वपूर्ण चुनौती थी अपने साथ ले जाने वाले सामान को जमाना जिसमें एक छोटी सी पिन से लेकर माइक्रोस्कोप और उपकरणों तक, रसायनों, पुस्तकों, पेनों, पेपरों और हर वो सम्भव वस्तु जिसके बारे में आप सोच सकते हैं, शामिल थी। उस समय मेरे लिए सबसे बड़ी चुनौती हाइपॉवर लैंसों वाले एक उत्तम गुणवत्ता के कैमरे को खरीदना थी। उन दिनों 1980 में एक अच्छे कैमरे को खरीदना बहुत कठिन था, क्योंकि एक तो वे उपलब्ध नहीं होते थे और दूसरा उनकी कीमत एक शोधार्थी के लिए बहुत अधिक थी। चूँकि मुझे कुछ सौ रुपयों की मासिक वेतनवृत्ति और प्रतिमाह की शोधवृत्ति ही मिलती थी, यात्रा के लिए आवश्यक सभी खरीदी के खर्चों को मिलाकर मैं सिर्फ 3000 रुपये ही जोड़ पाया था। परन्तु उन दिनों हाइपॉवर लैंसों वाले एक अच्छे कैमरे की कीमत लगभग 20000 रुपये थी। मुझे समझ में नहीं आ रहा था कि मैं क्या करूँ? बिना कैमरे के मैं कैसे काम चला सकूँगा? यह जीवन में एक बार मिलने वाला एक सुअवसर था और मैंने सोचा कि कैसे

भी करके मुझे कैमरा लेना ही होगा। एक दिन मैंने अपने दो जापानी मित्रों शुंजी होसाका और हिनोटाका साटो, जो कि दिल्ली विश्वविद्यालय में पढ़ रहे थे, से कहा कि मैं कुछ ही समय में अंटार्कटिका जाने वाला हूँ, परन्तु वे इस पर विश्वास नहीं कर पाए थे। वे अत्यधिक रोमांचित हो गए थे और उन्होंने मुझे किसी भी प्रकार की सहायता लेने के लिए आग्रह किया। उन्होंने कहा कि जापान से यदि किसी चीज की आवश्यकता है तो मैं उनको बताऊँ। बहुत अधिक हिचकिचाहट के साथ मैंने उनसे पूछा कि यदि वे मेरे लिए उत्तम गुणवत्ता वाला कैमरा खरीद सकते हैं तो मैं उनको उसकी कीमत दूँगा, मैंने उनको भरोसा दिलाया। उन्होंने उत्तर दिया कि वे प्रयास करेंगे। कुछ दिनों के बाद, वे एक अद्‌भुत कैमरा मेरे लिए छूट की कीमत पर लेकर आए। हालाँकि वो भी बहुत कीमती था, उन्होंने मुझसे कहा कि मैं उनको इसके सिर्फ 8000 रुपये ही दूँ। मैं बहुत प्रफुल्लित था क्योंकि मेरी एक बड़ी समस्या हल हो गई थी। सम्भवतः समय पर की गई उनकी इस सहायता के बिना मैं इस तरह का अच्छा कैमरा नहीं पा सकता था और न ही इतने सुन्दर फोटोग्राफ ले सकता था जो आप इस पुस्तक में देखेंगे।

अंटार्कटिका जाने के कुछ दिन पहले तत्कालीन कुलपति स्व. प्रोफेसर मूनिस रज़ा ने मुझे अपने ऑफिस में चाय के लिए आमंत्रित किया। उन्होंने मुझसे कहा कि पूरे विश्वविद्यालय को मुझ पर गर्व है, विशेष रूप से विद्यार्थीगणों को। उन्होंने हजारों विद्यार्थियों, शिक्षकों तथा कर्मचारियों की ओर से मेरा अभिवादन किया तथा मेरी यात्रा, समुद्रीयात्रा के लिए मुझे शुभकामनाएँ दीं। इन शब्दों के साथ उन्होंने अंटार्कटिका में फहराने के लिए विश्वविद्यालय का ध्वज मेरे हाथों में थमाया। मुझे यहाँ संस्वीकृति करना चाहिए कि वे विद्यार्थियों के साथ सर्वाधिक मित्रवत रहने वाले कुलपतियों में से एक थे और यह मेरे लिए गौरव की बात है कि मैं उनसे मिला। वे एक अद्‌भुत वक्ता थे, जो अपने प्रभावशाली शब्दों के माध्यम से हमेशा विद्यार्थियों को प्रोत्साहित व जाग्रत करते थे। अंततः विभिन्न दिशाओं से मिलीं इन समस्त शुभकामनाओं के साथ मैं नई दिल्ली रेल्वे स्टेशन से गोवा के लिए रवाना हुआ, मेरे साथ दो भारी बक्से थे, जिनमें मेरे आवश्यक उपकरण, रसायन और मेरा सामान था।

गोवा से अंटार्कटिका के लिए हमारी निकासी के ठीक पहले हमारे लिए एक अद्‌भुत ब्रीफिंग पार्टी रखी गई थी, जिसमें सभी अभियान सदस्य, मंत्रालय के अधिकारीगण, कुछ पहले के अभियान के सदस्यगण, मंत्रीगण, वीआईपी गण और जलयान के कर्मीदल सदस्य उपस्थित थे। डॉ. कासिम प्रत्येक सदस्य से मिले, उन्होंने हमें संक्षिप्त में महत्वपूर्ण जानकारियाँ प्रदान कीं और हमारी सफलता के लिए शुभकामनाएँ दीं।

भारत से रवानगीः

विदाई समारोहः मुझे विविध भागीदारी संस्थानों से आए अन्य दल सदस्यों तथा भारतीय *थलसेना, जलसेना* व *वायुसेना* से लिए गए एक बड़े सम्भारिक दल सहित मरगांव बंदरगाह, गोवा में एक बड़ी समारोहिक विदाई दी गई। बड़ी संख्या में पारिवारिक सदस्यगण, रक्षा कार्मिकगण तथा मित्रगण हम सभी को विदाई देने के लिए बंदरगाह पर एकत्रित हुए थे। पूरा वातावरण भावनाओं से ओतप्रोत था। सेना के बैण्ड *"सारे जहाँ से अच्छा, हिन्दोस्तां हमारा"* की धुन बजा रहे थे। जब ड्रमों के स्पन्दनों से पूरे जोश के साथ शब्दध्वनि प्रस्फुटित होती थी, तब एक भारतीय होने का गौरवशाली अनुभव मेरे मन और हृदय में गहराई तक कहीं विभेदन कर रहा था, भावनात्मक तौर पर मुझे अधिभारित बना रहा था। पूरे सैनिक सम्मान के साथ, ड्रम स्पन्दनों की प्रतिध्वनियों पर, हम धीरे-धीरे जलयान की सीढ़ियाँ चढ़ रहे थे और स्वीडन से अवक्रयित हिमभंजक जलयान एम.एस. थुलेलैण्ड की डेक पर आ गए थे। सूर्यास्त की बेला में अंततः हमारे विशाल जलयान ने भारतीय तटों से आगे हमारे अंतिम गन्तव्य की ओर बढ़ना प्रारम्भ किया। जैसे-जैसे हम दूर होते जा रहे थे, दूर से आ रही ड्रमों की ध्वनि के श्रवण के साथ-साथ खुशी के आँसू हमारे गालों पर लुढ़क रहे थे। अंत में हमारा जलयान घने अंधकार को चीरता हुआ अरब सागर की विशालता में समा गया। हमने 25 नवम्बर, 1987 को भारत से प्रस्थान किया था।

जलयान के विषय में: कोई भी साधारण जलयान अंटार्कटिका नहीं जा सकता है क्योंकि समुद्र बर्फ की अत्यधिक मोटी परत के बन जाने से जम जाता है, जिससे उसे तोड़कर रास्ता बनाने की आवश्यकता होती है। यही कारण है कि हमारा जलयान

186 मीटर लम्बा हिमभंजक *एम एस थुलेलैण्ड*

एम.एस. थुलेलैण्ड स्वीडन से अवक्रयित किया गया एक विशाल हिम-भंजक जलयान था। यह जलयान लगभग 186 मीटर लम्बा और 27 मीटर चौड़ा था, उसका भार 9,686 मीट्रिक टन था और इसमें 31,900 मीट्रिक टन का भार ले जाने की क्षमता थी। यह जलयान 1977 में बना था और इसको चलाने के लिए प्रतिदिन 20 टन तेल की खपत होती थी। जलयान में कारगो को ढोने व उसकी आपूर्ति के लिए छः पकड़ लगी हुईं थीं। जलयान में लगभग सौ लोगों के रहने के लिए सुसज्जित वातानुकूलित कक्ष, एक सुसज्जित रसोईकक्ष, जिम्नेसियम, वाष्पस्नान कक्ष, लॉण्ड्री, एक छोटा पुस्तकालय, टेबल टेनिस खेल की सुविधाएँ और दो हेलिपेड थे। जलयान का एक भाग विविध मनोरंजन गतिविधियों के लिए एक बड़े हॉल के रूप में बदल दिया गया था, जिसमें एक बार में सौ लोग बैठ सकते थे, वहाँ पर ही लोग आपस में मिल सकते थे और आराम कर सकते थे या टेलीविजन व वीडियो देख सकते थे। जलयान में हजारों बैरल डीजल आपूर्ति सामग्री के रूप में पावर जनरेटरों, स्नोस्कूटरों (स्काइडूस), स्नोट्रकों के लिए ले जाया गया था। इसमें बिस्किटों, आइसक्रीम, फलों, सब्जियों, कपड़ों, पत्रिकाओं, पुस्तकों, ऑडियो व वीडियो कैसिटों और रोजमर्रा की जरूरी चीजों के अलावा विविध प्रकार के प्रशीतित व शुष्क भोजन सामग्रियों का विशाल भण्डार भी रखा हुआ था।

समुद्र में यात्राः जलयान के कैप्टन ने अपने अन्य कर्मीदलों के साथ जलयान पर हमारा स्वागत किया। अगली सुबह, अभियान के नेता और जलयान के कैप्टन ने यात्रा के दौरान तथा साथ ही अंटार्कटिका में लिए जाने वाले सुरक्षा मानकों से संबंधित अपने अभिभाषणों से सदस्यों को सम्बोधित किया। हमारे सामने जीवन रक्षक नौका का प्रदर्शन किया गया और समुद्र में उत्तरजीविता के पाठ सिखाए गए। प्रत्येक सदस्य को उनके पद या स्तर का लिहाज किए बिना निरपेक्ष रूप से दैनिक कार्य के तहत बारी-बारी से जलयान के रसोईकक्ष में काम करना होता था, जिसमें रसोई की सफाई, बर्तन धोना, टेबल लगाना, खाना परोसना, हॉल की सफाई आदि शामिल थे। समुद्र में यात्रा और उससे मिला अकेलापन पहले के दो दिनों में किसी कौतुक की तरह था क्योंकि मैं अपने चारों ओर दूर-दूर तक किसी साथी की तरह तरंगों की ध्वनि के साथ अरब सागर की विस्तृतता में दिन के दौरान केवल गहरे नीले रंग को और रात्रि में पूर्णतया गहरे घने अंधकार को ही देख पा रहा था। जैसे ही हम 0^0 अक्षांश (भूमध्यरेखा) के निकट पहुँचने वाले थे, *"भूमध्यरेखा पार करने के समारोह"* के लिए तैयारियाँ शुरू कर दी गईं। पाँचवें दिन जब हम भूमध्यरेखा पर पहुँचे, तो कुछ घण्टों के लिए जलयान रोक दिया गया। सभी सदस्य शानदार समारोह मनाने के लिए डेक पर आ गए थे। कर्मीदल सदस्यों में से एक सदस्य सिंहासन पर बैठा, जो

डेक पर बनाया गया था और *महाराजा नेप्च्यून* की भाँति उन्होंने अपने सिर पर एक बड़ा सा मुकुट पहना। उनके अलावा चार और लोग थे जिन्होंने सिपाहियों के कपड़े पहन रखे थे और वे कतरनी, तलवार और लाठियों आदि से लैस थे। यह किसी महाराजा का दरबार लग रहा था। प्रत्येक दलसदस्य एक के बाद एक महाराजा के सामने कुछ अनुष्ठानों, जिनमें जलयान के खुले डेक पर बनाए गए छोटे से कृत्रिम तालाब में अंतिम पवित्र डुबकी लगाना शामिल था, के लिए पेश हो रहे थे। समुद्र के बीचोंबीच अत्यधिक आमोद-प्रमोद के साथ यह बड़ा ही उत्सव का सा माहौल था। इस पूरे समारोह को मनाने का मुख्य कारण सुरक्षित मार्ग और सुरक्षित वापसी के लिए ईश्वर से प्रार्थना करना था।

दसवें दिन हमने मॉरीशस (अंतिम भूखण्ड जो हमारी यात्रा में हमने देखा था) का तट पार किया और अगले दिन हमने मकर रेखा (23.5^0 दक्षिण अक्षांश) पार की। इसके बाद कई तरह के गर्म कपड़े, टोपियाँ, हाथ के दस्ताने, जीवन सुरक्षा वस्त्र, हिम कुल्हाड़ी, हिम बूट, सनग्लास आदि सदस्यों को वितरित किए गए। सदस्यों को अभियान के दौरान उपयोग की जाने वाली उनके हिस्से की शुष्क भोज्य सामग्री, स्वल्पाहार, जूस और कोल्ड ड्रिंक्स भी दिए गए।

प्रचण्ड तूफ़ानी समुद्र तथा कोलाहलपूर्ण चत्वारिंशत (रोअरिंग फोर्टीज़) में जीवनः तेरह दिन बीत चुके थे और अचानक हमें लगा कि जलयान लहरा रहा था और उचनिचान होने के कारण सभी को बेचैनी हो रही थी। मैं अपने केबिन से निकलकर बाहर डेक पर आ गया था और देखा कि भयंकर उच्च वेग से वायु बह रही थी और जलयान की गति कम होकर केवल कुछ समुद्री मील (1 समुद्री मील = 1.852 किलोमीटर) रह गई थी। चौदहवें दिन 15-20 फीट ऊँचाई की बड़ी-बड़ी लहरें भयंकर स्वर के साथ जलयान के चारों ओर से टकरा-टकराकर छीटें उड़ा रहीं थीं। मैं डेक पर खड़ा रहकर महासागर का प्रकोपी ताण्डव देख रहा था, तभी अचानक से जलयान ने उचनिचान करना शुरू कर दिया और बड़ी-बड़ी ऊँचाई लहरें जलयान के डेक को पार करके प्रहार करने लगीं थीं। मैं डेक पर गिर गया और मुझे लगा कि जैसे जलयान उलटा जा रहा है या फिर समुद्र के बीचोंबीच में यह डूब जाएगा और हम सभी मृत्यु की गोद में समा जाएँगे। एक भीषण भय और अवसाद ने मेरे मन को कसकर जकड़ लिया था, मैं कल्पना भी नहीं कर सकता था कि क्या होने जा रहा था। मैं एक क्षण के लिए जड़वत् हो गया था।

मैं बड़ी कठिनाई से भरसक प्रयास करते हुए मुख्य हॉल के दरवाजे की ओर दौड़ा। बाहर की तरफ से हवा का दबाव इतना अधिक था कि दरवाजे को खोलना बहुत ज्यादा कठिन हो रहा था। ठीक उसी समय हवा का कोलाहलपूर्ण स्वर और

प्रहार करतीं बड़ी बड़ी सशक्त लहरों के कारण बाहर एक मिनट के लिए भी खड़े रहना बड़ा मुश्किल हो रहा था। ऐसी परिस्थिति में डेक पर अकेले खड़े रहना अत्यधिक डरावना था। मैं मन ही मन ईश्वर को जप रहा था कि कैसे भी करके यह दरवाजा खुल जाए और मैं दौड़ लगाकर अपने केबिन में पहुँच जाऊँ और स्वयं को सुरक्षित बचा सकूँ। मैंने अपने मेरूदण्ड में नीचे की ओर जाती हुई एक ठण्डी सी सिहरन महसूस की। इसी बीच, मैं पूरी तरह से भीग चुका था। खैर! जैसे तैसे एक अथक संघर्ष और हार्दिक भक्तिमय प्रार्थनाओं के पश्चात् अंततः भगवान ने मेरी सुनी, मुझ पर अपनी दया की दृष्टि की और मैं अपने केबिन के अंदर जा पाया, तब जाकर मैंने राहत की साँस ली, जब मैंने अपने दल के अन्य सदस्यों से पूछा कि समुद्र इतना प्रचण्ड तूफानी क्यों है, उन्होंने उत्तर दिया कि हमलोग कोलाहलपूर्ण चत्वारिंशत (रोअरिंग फोर्टीज़) से होकर गुजर रहे हैं।

यद्यपि पूरी की पूरी घटना भीषण डरावनी और अत्यधिक मानसिक आघात देने वाली थी, तथापि मैंने अपना आत्मसंयम पुनः प्राप्त किया और अनुभव किया कि मुझे अपने कैमरे में इन क्षणों को कैद करना होगा क्योंकि ऐसे सुअवसर जीवन में

सर्वाधिक विक्षुब्ध महासागर (रोअरिंग फोर्टीज़) से होकर गुजरता जलयान

एकाध बार ही आ पाते हैं। मेरा हृदय जोरों से धक् धक् कर रहा था। मैंने तुरंत अपने गीले कपड़े बदले, अपना कैमरा उठाया और इन दुर्लभ क्षणों की झलकियों को कैद करने के लिए पायलट के केबिन की ओर दौड़ा। उच्च समुद्र में यह लहराहट और ज्वार-भाटा लगातार लगभग 2-3 दिनों तक बनी रहीं। अनेक सदस्य समुद्री अस्वस्थता के शिकार हो गए थे, उन्हें ऐसे में सामान्यतया होने वाली शिकायतें जैसे उल्टियाँ, मितली और चक्कर आ रहे थे। इस समुद्री अस्वस्थता को ठीक करने के लिए कोई दवा भी काम नहीं कर रही थी। चलने, खाने, सोने, नहाने और शौचालय जाने में भी बड़ी कठिनाई आ रही थी। हमलोग बुरी तरह झूल रहे थे। ऐसे चल रहे थे मानो हम अंतरिक्ष में कोई अंतरिक्षयात्री या अंतरिक्षयानिकी हों। लहराहट और उतार-चढ़ाव इतनी अधिक तीव्र थी कि कुछ सदस्य रात में अपने बिस्तर से नीचे गिर गए थे और उनमें से कुछ को उनके बिस्तरों से बेल्टों या रस्सियों द्वारा बाँधना पड़ा था। कभी-कभी मध्य रात्रि में हमारे केबिनों की अलमारियाँ अचानक से हवा में सिहरन पैदा कर देने वाले भयंकर स्वरों के साथ खुल जाया करतीं थी और हमारे सभी साथीगण डर से काँपकर फर्श पर खड़े हो जाते थे।

दक्षिणी महासागर में धीरे-धीरे प्रवेश करता जलयान

डाइनिंग टेबल पर खाना खाना भी बड़ा मुश्किल हो गया था, कितनी ही बार लहराहट और उचनिचान के कारण परोसी हुई थालियाँ और पानी के गिलास फर्श पर गिर पड़ते थे। जब तक यहाँ फर्श साफ होता, उसके पहले ही रसोईकक्ष में कुछ दूसरे बर्तन गिर जाते थे। खाने की थाली को लेकर चलना दु:साध्य हो गया था और डाइनिंग टेबल पर खाना असम्भव था। इसलिए टेबलों और कुर्सियों को रसोईघर के अंदर कड़े से बाँधकर रख दिया था।

दक्षिणी महासागर में प्रवेशः जैसे ही हम अपेक्षाकृत अधिक विक्षुब्ध अक्षांश से होकर दक्षिणी महासागर की ओर आगे बढ़े तो वैसे ही धीरे-धीरे समुद्र शांत होने लगा था और समुद्र से शीतल समीर बहना प्रारम्भ हो गई थी, कुछ भिन्न, विशेषरूप से बर्फ को देखने की हमारी उत्सुकता हिलोरें लेने लगी थीं। दक्षिणी महासागर के जल में प्रवेश करने की अनुभूति का अनुभव होने लगा था, जब मैंने हल्के दूधिया शीतल जल में समाहित नीले जल के विशिष्ट क्षेत्र और जगह जगह पर जलीय सतह पर

कई बार जलयान इस हद तक एक ओर झुक जाता था, कि यदि कोई डाइनिंग हॉल में बैठा होता था तो उसका पूरा शरीर इतनी बुरी तरह से असंतुलित होकर एक ओर झुक जाता था कि वह एक तरफ की खिड़की से महासागर को और दूसरी ओर से आकाश को देख सकता था। मैं यहाँ पर उल्लेख करना चाहूँगा कि हमारे जलयान की हिलाव (रोलिंग) क्षमता 350 तक की थी और यात्रा के दौरान यह 25-280 के मध्य हिला था। चूँकि हमारी यात्रा के दौरान की यह सबसे विक्षुब्ध अवधि थी, अतः उस समय भारी भोजन को खाने से बचा ही गया था। अनेक जहाज इस क्षेत्र में डूब गए थे। सच कहूँ तो कोलाहलपूर्ण चत्वारिंशत (रोअरिंग फोर्टीज़) को पार करने के विक्षुब्धता से भरे वे तीन से चार दिन किसी पार्क में खतरनाक या मौत के खौफ से भरे झूले की सवारी से भी अधिक भयानक मृत्युतुल्य या घातक थे।

आप्लावित बर्फ के टुकड़ों को देखा था। विविध समुद्रवैज्ञानिक आँकड़ों के अभिलेखन के लिए जलयान ने अपनी गति धीमी करना शुरू कर दी थी और "अंटार्कटिक क्रिल" *यूफेसिया सुपरबा* के एकत्रण हेतु बीच में रूक भी गया था। ये क्रिल वास्तव में क्रस्टेशियन्स की भाँति श्रिम्प या प्रॉन होती हैं, जिनमें बहुत अधिक मात्रा में प्रोटीन पाया जाता है।

जैसे ही हम नीचे दक्षिण की ओर आगे बढ़े, डेक से कैप्टन ने घोषणा की कि एक हिमशिलाखण्ड रास्ते पर है। तुरंत ही मैं अपने कैमरे और बाइनाकुलर के साथ शिलाखण्ड की प्रथम झलक देखने के लिए तैयार हो गया और उसे अपने कैमरे में कैद कर लिया। मैं इस विशाल श्वेत पर्वत के सदृश्य नैसर्गिक कृति को देखने के लिए अत्यधिक आतुर था। जैसे ही हम हिमशिलाखण्ड के निकट से गुजरे, मुझे लगाा कि मैं कूदकर उस पर चला जाऊँ या फिर कम से कम अपने हाथ से उसे स्पर्श कर सकूँ। मैंने कभी भी अपने जीवन में बर्फ की इतनी विशाल राशि नहीं देखी थी। जैसे ही हम और आगे बढ़े, मैंने रास्ते पर विभिन्न आकृतियों व आकारों के

अनेक हिमशिलाखण्डों के दर्शन किए। मैं इतना अधिक उत्तेजित था कि मैंने जलयान के कैप्टन से पूछा कि क्या वे हमें हिमशिलाखण्डों के निकट नहीं ले जा सकते? उन्होंने कहा कि इनके अधिक नजदीक पहुँचना खतरनाक हो सकता है क्योंकि इसके कारण पोतभंग हो सकता है। उस समय, मैंने उन पर विश्वास नहीं किया था, परन्तु कुछ वर्षों बाद जब मैंने *"टाइटेनिक"* मूवी देखी तो मुझे उत्तर मिल गया था। एक हिमशिलाखण्ड का वज़न 20 लाख टन से लेकर 4 करोड़ टन तक हो सकता है।

इसी बीच हमारे दिन धीरे-धीरे बड़े होने लगे थे और रात सिमटकर कुछ ही घण्टों की हो गई थी। इससे मुझे महसूस हुआ कि हमारा जलयान *"अंटार्कटिक अभिसरण"* अर्थात् वह क्षेत्र जहाँ दक्षिणी महासागर का शीतल जल गर्म जल से मिलता है, में प्रवेश कर चुका है। यह विश्व के सर्वाधिक उत्पादकता वाले महासागरीय क्षेत्रों में से एक है। अंटार्कटिक अभिसरण एक स्थानांतरण क्षेत्र है और न कि एक सुस्पष्ट रेखा है, जो 50^0 और 60^0 दक्षिण के मध्य स्थित है। हमने अपनी यात्रा के अठारहवें दिन 50^0 दक्षिण को पार किया जहाँ का वातावरणीय तापमान 3.5^0

प्रथम हिमशिलाखण्ड को देखते हुए

दाएँः जलयान को मार्गदर्शन कराता हेलिकॉप्टर

दाएँः जमी हुई बर्फ की पतली परत को हिम टुकड़ों में तोड़ता जलयान

नीचेः अन्य जलयानों द्वारा आगे अनुसरण करने के लिए मोटी समुद्री बर्फ को तोड़कर सुगम मार्ग बनाता हुआ जलयान

सेंटीग्रेड था। इक्कीसवें दिन (तापमान -3^0 सेंटीग्रेड था) जब हम 60^0 दक्षिण से होकर गुजर रहे थे। महासागर बर्फ से जमा हुआ था और जलयान "हिमपुँजों" को काट रहा था, जो विशाल हिमखण्डों में टूट रहे थे। जैसे ही हम धीरे-धीरे आगे बढ़ रहे थे, बर्फ की मोटाई बढ़ती जा रही थी और हमारा जलयान "ऊआह" की एक अजीब सी आवाज, जो हमें बारम्बार झटके दे रही थी, के साथ आगे बढ़ रहा था। समुद्रहिम की मोटाई क्रमशः बढ़ रही थी और मार्ग अनेक हिमशिलाखण्डों द्वारा घिरा हुआ था, जो नौसंचालन को दुष्कर और जोखिम-भरा बना रहा था। अगले तीन दिनों तक जलयान ने टेढ़ा-मेढ़ा रास्ता अपनाया, जिससे कि जलयान को किसी भी क्षति से बचाया जा सके। कैप्टन ने हमलोगों को बताया कि पिछले साल यहाँ नौसंचालन आसान रहा था क्योंकि प्रथम हिमपुँज 65^0 दक्षिण पर मिला था, जबकि इस वर्ष यह 60^0 दक्षिण पर ही मिल गया है। यह अत्यंत विस्मयकारक दृश्य था कि जलयान बर्फ को काट रहा है और घोंघे की गति से आगे बढ़ रहा है। और मैं अपने कैमरे के साथ ऊपरी छत पर पायलट के केबिन से लेकर डेक के सामने के भाग तक दौड़ लगा रहा था ताकि जितनी सम्भव हो सकें, उतनी अधिक से अधिक तस्वीरें मैं खींच सकूँ।

AB
BRC

20 दिसम्बर, 1987 को प्रातः 7.00 बजे, अंततः 11,173 किलोमीटर की दूरी तय करके 25 दिनों की अविराम समुद्री यात्रा के पश्चात् हम दूर से अंटार्कटिक महाद्वीप के नयनाभिराम दर्शन कर सके

किसी भी अंटार्कटिक अभियान में परिवहन सबसे खतरनाक और कठिन प्रचालन होता है। वाहनों के क्षतिग्रस्त होने की सम्भावना सदैव बनी रहती है और उपलब्ध संसाधनों द्वारा तुरन्त ही उनको सुधारना पड़ता है।

मैं इतना रोमांचित था कि कुछ मिनटों के अंतराल से बार-बार डेक पर आ जाता था जिससे कि हर बार महाद्वीप और पैंग्विनों की झलक पा सकूँ। इन फोटो को हमारे स्वागत समारोह के दौरान प्रदर्शित किया गया था।

एम्पेरर पैंग्विन और किंग पैंग्विन अपने समूहों के साथ अपनी जन्मभूमि में आगन्तुकों का स्वागत कर रही हैं और उल्लास से सराबोर हमें संदेश दे रही हैं कि चरम परिस्थितियों में भी जीवन कौतुकपूर्ण हो सकता है।

20 दिसम्बर, 1987 को प्रातः 7.00 बजे, अंततः 11,173 किलोमीटर की दूरी तय करके 25 दिनों की अविराम समुद्री यात्रा के पश्चात् हम दूर से अंटार्कटिक महाद्वीप के नयनाभिराम दर्शन कर सके। दो घण्टे बाद भारतीय वायुसेना और जलसेना के दो पायलटों ने चेतक हेलिकॉप्टर से *दक्षिण गंगोत्री* के निकटस्थ स्थल को देखने के उद्देश्य से प्रथम उड़ान भरी ताकि जलयान को हिममग्नतट पर खड़ा किया जा सके। जलयान को प्रायद्वीप के अंदर एक जगह लंगर डालने के लिए उचित स्थान को देखते हुए कैप्टन धीरे-धीरे जलयान को आगे बढ़ा रहे थे। इसी बीच हमने 69^0 दक्षिण को पार कर लिया था। अंत में जलयान 69.3^0 दक्षिण अक्षांश, 12.5^0 पूर्वी देशांतर पर हिममग्नतट पर आठ बजे सुबह खड़ा कर दिया गया और कैप्टन ने घोषणा की कि हम अपने गंतव्य स्थान अंटार्कटिका पहुँच गए हैं और जलयान अब आगे नहीं बढ़ सकता है। इस शुभ समाचार को सुनकर हम सभी डेक की ओर दौड़ पड़े ताकि इस महान महाद्वीप की प्रथम निकटस्थ झलक के प्रथम दर्शन को अपनी स्मृतियों में सदा के लिए अंकित कर सकें। असंख्य पैंग्विनें इस महाद्वीप में हमारे स्वागत के लिए विद्यमान थीं। इन पैंग्विनों के दर्शन करना एक अद्भुत दृश्य था जो अपने पंखों को फड़फड़ाते हुए अति अनुशासनबद्ध होकर एक पंक्ति में खड़ी हुईं थीं। एक घण्टे बाद हमने डेक छोड़ा और अपने-अपने केबिनों में चले गए। मैं इतना रोमांचित था कि कुछ मिनटों के अंतराल से बार-बार डेक पर आ जाता था जिससे कि हर बार महाद्वीप और पैंग्विनों की झलक पा सकूँ।

मुझे नींद नहीं आ रही थी, यद्यपि मध्यरात्रि हो चुकी थी। सूरज तेजी से चमक रहा था और ऐसा लग रहा था मानो दिल्ली की गर्मियों में रविवार की शांत दोपहर

सामने के पृष्ठ पर:
मार्ग पर हमारा स्वागत करतीं पैंग्विनें

पैंग्विन को पकड़े हुए साहू

में हम आराम कर रहे हों। मेरे सोने की प्रवृत्ति पहले से ही बिगड़ गई थी क्योंकि पिछले कुछ दिनों से चौबीसों घण्टे लगातार दिन बना हुआ था। अगली सुबह जब मैं उठा तो मैंने देखा कि पेंग्विनें लगातार यहीं बनी हुईं हैं। मैं जलयान से ही उनके पास जाकर उनसे लिपट जाने के लिए उत्सुक था, परन्तु कोई रास्ता नहीं था। इसलिए मैंने स्वेच्छा से कारगो तथा स्टेशन पहुँचाने के लिए जरूरी सामानों को उतारने में मदद की।

सामान को खाली करने के काम ने मुझे अपनी छब्बीस दिनों की यात्रा के पश्चात् 21 दिसम्बर, 1987 को अंटार्कटिका पर कदम रखने का प्रथम सुअवसर प्रदान किया। मैं पेंग्विनों के बहुत करीब गया, परन्तु वे बिल्कुल भी नहीं डरीं, बल्कि उन्होंने मित्रवत व्यवहार ही किया। यह बड़ा ही आल्हादित पल था।

जलयान में दो दिनों के इंतजार के पश्चात् अंततः मैं सुबह साढ़े आठ बजे चेतक हेलिकॉप्टर में बैठकर *दक्षिण गंगोत्री* की ओर रवाना हुआ। जैसे ही हेलिकॉप्टर ने जलयान के डेक से उड़ान भरना शुरू की, मेरे हृदय की धड़कनें बढ़नी शुरू हो गईं थीं और हेलिकॉप्टर बहुत ही कम अवधि के लिए अंटार्कटिक महासागर के ऊपर से गुजरा और उसके बाद महाद्वीप के आंतरिक भागों के लिए उड़ान भरी। जब आप उड़ान भरते हैं, तब आपको सभी प्रकार की सावधानियाँ बरतनी पड़ती हैं और जलरोधी "जीवन रक्षक सूट" पहनना पड़ते हैं। यह अनिवार्य था क्योंकि यदि अचानक से हेलिकॉप्टर महासागर के ऊपर ध्वस्त हो जाता है तो बर्फ से जमे हुए जल के अंदर आपका शरीर न डूबे, इस तरह की सुरक्षा के लिए इसकी आवश्यकता

सामने के पृष्ठ परः
दक्षिण गंगोत्री स्टेशन की छत पर खड़े हुए

नीचेः
उड़ान के दौरान अनिवार्य रूप से पहना जाने वाला जीवन रक्षक सूट (बाएँ): *दक्षिण गंगोत्री* पहुँचते हुए (दाएँ)

जब आप अंटार्कटिका में हों, तब आपके पूरे शरीर को पूरी तरह से ढँकने की आवश्यकता होती है। हवा की प्रचण्डता से बचने के लिए सिर पर एक मोटी टोपी और शरीर पर कई गर्म कपड़े पहनने होते हैं। मोटे हस्त-दस्ताने, ध्रुवीय मोजे, बर्फ पर चलने वाले बूट और आँखों की सुरक्षा के लिए सनग्लासों का पहनना अतिआवश्यक होता है। आपके शरीर के बाहर दिखने वाले भागों में सिर्फ और सिर्फ आपके नथुने और शायद होंठ ही होंगे। हिम का परावर्तन अत्यधिक उच्च होता है, अतः यदि आप बर्फ को नग्न आँखों से देखने की चेष्टा करते हैं तो सम्भव है कि आप स्थायी रूप से अपनी नेत्रज्योति हमेशा के लिए खो दें।

होती है (तीसरे भारतीय अभियान के दौरान 29 दिसम्बर, 1983 को एक हेलिकॉप्टर अंटार्कटिक महासागर में ध्वस्त हो गया था।)।

यद्यपि यह सूट भारी और असुविधाजनक था, परन्तु उसके पहनने के अलावा दूसरा कोई विकल्प नहीं था। हिम मरुस्थल के ऊपर कुछ मिनटों की उड़ान के पश्चात् आधी दबी हुई इमारत, जिसकी छत पर भारतीय तिरंगा पेंट किया हुआ था, को मैं देख भी पा रहा था। दूर-दूर तक जहाँ तक भी नजर जाती थी, श्वेत हिम के अलावा कोई और चीज दिखाई नहीं दे रही थी। उस दृश्य और अनुभव का शब्दों में वर्णन कर पाना असम्भव है। अत्यधिक मनोरम उजले नीले रंग के आकाश और स्पष्ट दृश्यता से परिपूर्ण बड़ा ही सुहावना मौसम था, परन्तु फिर भी पायलट ने मुझे सतर्क रहने को कहा क्योंकि अंटार्कटिका में हर चीज अनिश्चित होती है। मौसम कभी भी बदल सकता है, और यदि ऐसा होता है तो हमलोग स्टेशन में नहीं उतर सकेंगे

और वापस जलयान पर जाना होगा। (अंटार्कटिका में मौसम अत्यधिक अननुमेय होता है अर्थात् इसकी भविष्यवाणी नहीं की जा सकती है और आकाशीय अम्लानता के स्वच्छ होने का भी कोई समय नहीं होता तथा 100 किलोमीटर प्रति घण्टे से भी अधिक रफ्तार का हिमझंझावात कभी भी आ सकता है, जो स्पष्ट दृश्यता के साथ जीवन को दु:साध्य बना देता है।)। आखिरकार उस दिन ईश्वर की हम पर बड़ी कृपा रही। उस दिन कोई हिमझंझावात नहीं आया और हेलिकॉप्टर *"दक्षिण गंगोत्री"* में उतरा। मैं हेलिकॉप्टर से बाहर आया और *दक्षिण गंगोत्री* की ओर मुख करके घुटने मोड़कर बर्फ पर बैठ गया और पूर्ण श्रद्धा के साथ धरती का चुम्बन किया। बर्फ में आधी दबी हुई आश्चर्यजनक इमारत, जिसके आसपास अन्य कोई भी संरचना नहीं थी, को देखना अपने आप में बड़ा ही अद्‌भुत नज़ारा था। मैं स्टेशन के अंदर गया और वहाँ लगभग एक वर्ष से रह रहे शीतकालीन दल के सदस्यों ने हार्दिक स्वागत किया। मैंने शीतकालीन दल के साथ मिलने-जुलने में कुछेक घण्टे व्यतीत किए और उनके अनुभवों से कुछ सीखा ताकि आगामी दिनों में अपने काम के लिए मैं स्वयं को तैयार कर सकूँ और वहाँ के माहौल से परिचित हो सकूँ। अंततः अपने प्रायोगिक कार्यों को योजनाबद्ध करने के पश्चात् उसी दिन मैं वायुसेना के हेलिकॉप्टर द्वारा जलयान पर वापस लौट आया।

हिमझंझावात के बाद तीक्ष्ण सौरप्रकाश के प्रभाव के कारण बर्फ रेज़र की तरह अत्यधिक पैनी हो जाती है

सामने का पृष्ठः
अंटार्कटिका का मानचित्र

24 दिसम्बर, 1987 को क्रिसमस की पूर्व संध्या पर जलयान के कैप्टन ने अपने समस्त स्वीडिश कर्मीदल सदस्यों की ओर से हम सभी को क्रिसमस मनाने के लिए आमंत्रित किया। यह पूरी संगीतमय धमाकेदार बड़ी ही उत्सवी पार्टी थी और इसमें चौंसठ विभिन्न प्रकार के स्वीडिश व्यंजन परोसे गए थे। कैप्टन ने हम सभी को सांताक्लाज़ के उपहार भेंट किए (पूरी ईमानदारी के साथ मैं आपको बताऊँ कि इसके पहले मैंने इतने विविध प्रकार के व्यंजन कभी नहीं देखे थे।)। हम सभी का बड़ा अच्छा समय बीता। उसी शाम को हमने एक विशाल रशियन एरोफ्लोट कारगो हवाई जहाज देखा, जो जलयान के चारों ओर मँडरा रहा था। कई दिनों के बाद हवाई जहाज को देखना बड़ा ही रोमांचक था। बाद में हमने जाना कि यह हवाई जहाज स्टेशन सामानों और दल सदस्यों को लेकर रशियन स्टेशन "नोवो" के निकट बर्फ पर उतरा।

हमारी यात्रा के दौरान, हमलोग को बताया गया कि जब तक हम अंटार्कटिका में हैं, तब तक हम सभी को हमेशा सतर्क और सक्रिय रहना पड़ेगा। सभी को 5 से 10 मिनट के अंदर उड़ने के लिए या उनका जो भी काम जो उन्हें दिया गया है, उसके लिए तुरंत तैयार रहना होगा। क्रिसमस के दिन के बाद दो ढ़ाई दिनों तक मौसम बुरी तरह खराब रहा और भीषण हिमझंझावात के कारण कोई काम नहीं हो सका था। 28 दिसम्बर, 1987 को लगभग 4 बजे दोपहर को आकाश स्वच्छ हुआ

और हमारे दलनेता ने हमें दस मिनट के भीतर *दक्षिण गंगोत्री* के लिए उड़ान भरने हेतु तुरंत तैयार होने के लिए कहा। मैंने जल्दी-जल्दी अपने कपड़े तह किए, अपना सारा सामान जमाया और हेलिकॉप्टर में बैठ गया। लगभग 4.45 बजे हम *दक्षिण गंगोत्री* पर उतरे। कुछ ही घण्टों में हमने भारत मौसम विभाग के भारी उपकरणों को स्टेशन के निकट स्थानांतरित करना प्रारम्भ किया। उसके बाद मैं अपने अन्य साथियों के साथ पूरी तरह से भूमिगत (दबे हुए) रक्षा अनुसंधान विभाग संस्थान (डीआरडीओ) के पात्र की ओर आगे बढ़े जो हमारा अस्थायी आवास बनाया गया था और जो स्टेशन से सौ मीटर दूरी पर स्थित था। रात के लगभग 9 बजे (चमकते दिन के प्रकाश में) भयंकर हिमझंझावात शुरू हो गया था, जो मानो जीवन में एक विराम सा लेकर आया था । अगले कुछ दिनों तक हिमझंझावात अपने पूरे जोर के साथ लगातार बना रहा, इस दौरान दृश्यता मुश्किल से पाँच से दस मीटर तक

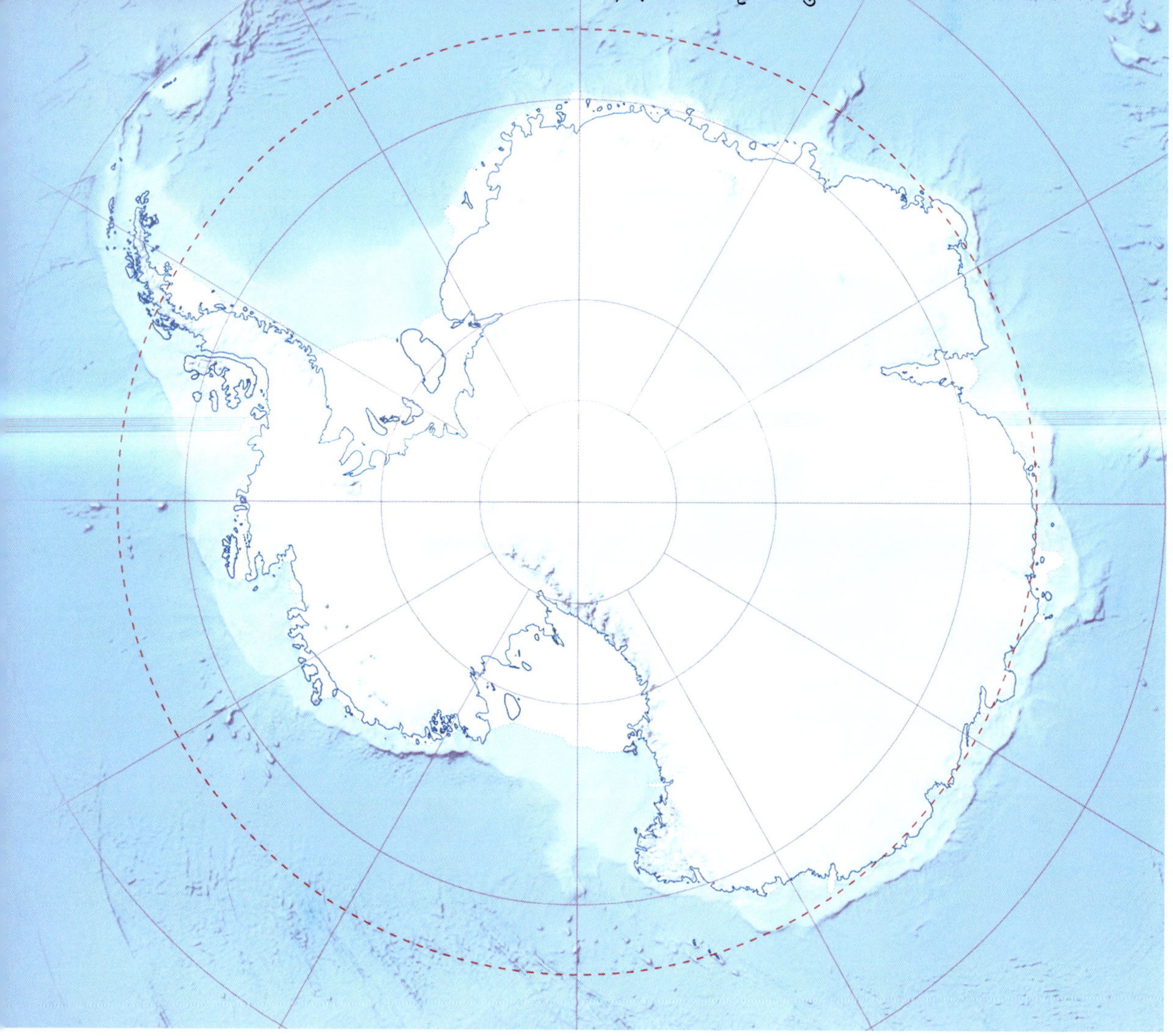

की रही होगी। हमारे भूमिगत पात्र के अंदर कोई भी शौचालय सुविधाएँ नहीं थीं। इस पात्र में हमने बहुत सारी कठिनाइयों का सामना किया और हिमझंझावात में अपने शरीर को लगभग 30^0 कोण पर झुकाकर चलते थे। इस बर्फानी तूफान का प्रभाव इतना भारी पड़ता है कि कितनी ही बार आपको अपनी मूँछों और दाढ़ी पर हिमकणों के संचयन से बचने के लिए पीछे की ओर मुँह करके चलना पड़ता है। इसके अलावा, जब आप अपने आप को आराम की मुद्रा में छोड़ते हैं, तब अपने पृष्ठ भाग को खोलना बड़ी चुनौतियों में से एक था और अत्यंत निम्न तापमान और उच्च वायुवेग के कारण यह एक बड़ा ही मुश्किल काम भी था। यह हममें से बहुतों के लिए बड़ा ही भयावह अनुभव था।

खैर! कैसे भी 31 दिसम्बर, 1987 को *दक्षिण गंगोत्री* के स्टेशन कमाण्डर ने हम सभी को नववर्ष समारोह के लिए आमंत्रित किया। हिमझंझावात में अत्यधिक कठिनाइयों के साथ हम हमारे केबिन से भारतीय स्टेशन तक पैदल चलकर गए और ठीक मध्यरात्रि को नववर्ष समारोह शुरू हुआ। हमने अंटार्कटिका में नूतनवर्ष 1988 का स्वागत किया, यह बड़ा ही अद्वितीय सुअवसर और अविस्मरणीय अनुभव था। स्टेशन के अंदर की सजावट बहुत ही सुन्दर ढंग से ठीक वैसे ही की गई थी, जैसे

मैत्री के निर्माण के दौरान दक्षिण गंगोत्री की व्यस्ततम गतिविधियाँ

किसी अन्य नववर्ष समारोह की की जाती है। पार्टी के दौरान ही किसी ने कहा "क्या आप मुझे मेरे ड्रिंक के लिए कुछ बर्फ के टुकड़े ला सकते हैं? तुरंत ही उत्तर आया "आपको बर्फ के टुकड़ों की क्यों जरूरत है, यहाँ तो चारों ओर हर तरफ बर्फ ही बर्फ है।" तभी कोई बाहर गया और बर्फ के टुकड़ों की जगह एकदम ताजा बर्फ एक बाल्टी भरकर ले आया। यह वास्तव में बड़ा ही सुंदर मजाक था।

हिमझंझावात में चलना कौतुक तो है ही, परन्तु उतना ही खतरनाक भी है। मैंने जनवरी 1988 का नया वर्ष दक्षिण गंगोत्री के चारों ओर रूक-रूक कर चलते हुए व्यतीत किया। स्टेशन की छत पर और बाहर खड़े हिमवाहनों पर बर्फ का जमना देखना अपने आप में बड़ा ही कौतुकपूर्ण था। वास्तविक चुनौती तो तब आती है, जब बर्फ को पेयजल में बदलने की आवश्यकता होती है और तब भी, जबकि स्टेशन की छत और प्रवेशद्वार पर जमे बर्फ के ढेर को हटाना पड़ता है। यद्यपि अंटार्कटिका में विश्व के 70% ताजे जल का भण्डार है, तथापि अंटार्कटिका में ही जल मिल जाना जहाँ एक ओर विलासी समृद्धता की निशानी तो है ही, परन्तु साथ ही एक दुष्कर कार्य भी है।

हमारे स्टेशन में, एक हिमद्रवण प्लांट था, जिसके माध्यम से पीने, भोजन बनाने, धोने और बारी-बारी से कभी-कभी नहाने के लिए जल उपलब्ध कराया जाता था।

अंटार्कटिका में हमारे ठहरने के दौरान हमारा सबसे बड़ा शत्रु कोई जानवर नहीं था, बल्कि हमारा मनोवैज्ञानिक दबाब, अकेलापन और हिमझंझावात ही हमारे शत्रु थे । हिम का दूर-दूर तक फैला विस्तार इतना व्यापक था कि यदि अन्वेषण के दौरान आप दिशा भटक जाते हैं, तो वापस पहुँचने के लिए आपको मार्गदर्शन कराने वाला कोई भी नहीं मिलेगा । यदि आप वहाँ खो जाते हैं तो आप स्वयं को हमेशा के लिए खो सकते हैं ।

26 जनवरी, 1988 को अंटार्कटिका में गणतंत्र दिवस मनाते हुए।

इनसेट चित्र में:
दिल्ली विश्वविद्यालय के ध्वज के साथ खड़े साहू।

प्रत्येक सदस्य को अच्छा या बुरा कैसा भी मौसम हो, इस बात को देखे बिना स्टेशन के बाहर जाना पड़ता था और हाथों से बर्फ को उठाकर हिम द्रवण प्लांट में डालना होता था। यह बहुत ही कठिन काम था, परन्तु उत्तरजीविता के लिए इससे बेहतर और कोई भी विकल्प नहीं था।

ठीक इसी तरह, प्रत्येक हिमझंझावात के कारण स्टेशन बुरी तरह से अत्यधिक बर्फ से ढँक जाता था । हमें स्टेशन की सतह से बर्फ को हटाना पड़ता था, नहीं तो यह अंदर धँस सकता था (मैं यहाँ निश्चित रूप से कह सकता हूँ कि अंटार्कटिक शीतकाल के दौरान यह प्रक्रिया और भी अधिक दुष्कर हो जाती होगी क्योंकि ध्रुवीय रात्रियों में मैंने कई बार आधी रात में यह काम स्वयं भी किया है।)। खैर! किसी भी तरह क्षेत्र में छः दिन रूकने व हिमझंझावात के व्यवधानों का डटकर सामना करने के पश्चात् मैंने जलयान के लिए वापस उड़ान भरी।

गणतंत्र दिवस समारोह

26 जनवरी, 1988 को गणतंत्र दिवस समारोह में भाग लेने के लिए सभी सदस्यों ने *दक्षिण गंगोत्री* के लिए उड़ान भरी। रशियन और जर्मन स्टेशनों के सदस्यों और हमारे स्वीडिश कर्मीदल सदस्यों को भी गणतंत्र दिवस की परेड के लिए आमंत्रित किया गया था। सुबह 11 बजे भारतीय तिरंगा फहराया गया और उसके बाद राष्ट्रगान गाया गया। मेरे जीवन की इस अविस्मरणीय घटना के ऐतिहासिक पल की भागीदारी ने मेरे हृदय को भावविह्ल कर दिया। भागीदार संस्थानों के ध्वज भी फहराए गए और मुझे भी अंटार्कटिका में दिल्ली विश्वविद्यालय के ध्वज को फहराने का सौभाग्य प्राप्त हुआ।

दक्षिण गंगोत्री में रूकने के दौरान मैंने कई दिनों के हिमझंझावातों और अत्यधिक रूक्ष मौसमीय परिस्थितियों का बड़ी ही बहादुरी के साथ डटकर सामना किया। बर्फ पर चलना न केवल कठिन ही था, बल्कि जोखिम भरा भी था। यहाँ पर स्वच्छंद बर्फ के बड़े से ढेर बिखरे पड़े थे और कई जगहों पर गुप्त हिमविदरें भी थीं।

श्रीमाचेर मरुद्यान, *दक्षिण गंगोत्री* के दक्षिण से लगभग सौ किलोमीटर आगे स्थित हिमस्वतंत्र क्षेत्र है, जो पर्वतश्रृंखलाओं और अनेक झीलों से युक्त अत्यंत सुन्दर, मनोहर व रमणीय स्थल है। इसे भारत के दूसरे स्थायी स्टेशन मैत्री के लिए चयनित स्थल के रूप में चुना गया।

यदि किसी ने चलते समय या हिमवाहन चलाते समय सावधानी बरतने में जरा सी भी चूक की, तो उसके इन हिमविदरों में गिर जाने की पूरी पूरी सम्भावना हो सकती है। यदि ऐसा होता है तो उन्हें कोई भी नहीं बचा सकता है। अतः यदि किसी को पचास या सौ मीटर तक बर्फ पर चलना है, तो उनको बर्फ की कुल्हाड़ी की सहायता से चलना चाहिए और विदरों से बचने के लिए टेढ़े-मेढ़े रास्ते बनाते हुए चलना चाहिए। कभी-कभी सौ मीटर की दूरी तय करने के लिए पूरा एक घण्टा या उससे भी अधिक समय तक चलना पड़ता है।

अंटार्कटिका में भारत के दूसरे स्थायी स्टेशन मैत्री की स्थापनाः हमारे अभियान के प्रमुख उद्देश्यों में से एक उद्देश्य *दक्षिण गंगोत्री* के दक्षिण से लगभग सौ किलोमीटर आगे स्थित हिमस्वतंत्र क्षेत्र, शिरमाचेर मरुद्यान में भारत के दूसरे स्थायी स्टेशन *मैत्री* का निर्माण करना था। यह पर्वतशृंखलाओं और अनेक झीलों से युक्त अत्यंत सुन्दर, मनोहर व रमणीय स्थल है। बुरे मौसम के कारण लगभग पाँच दिन जलयान में रूकने के बाद अंततः मैंने अपने तीसरे प्रयास में श्रीमाचेर मरुद्यान के लिए उड़ान भरी।

मैत्री में हमारे रूकने के दौरान हमारा प्रथम कार्य दो हेलिपेडों का निर्माण करना था, जिससे कि हेलिकॉप्टरों को उतारा जा सके और सुरक्षापूर्वक वे उड़ान भी भर सकें। हमने अवांछित चट्टानों और बोल्डरों को हटाकर उस जगह को अच्छी तरह साफ किया और फिर उसको समतल बनाया। इस बात का हमने पूरा ध्यान रखा कि बहुमूल्य पादपों एवं वहाँ चारों ओर रह रहे प्राणियों के जीवन अस्त-व्यस्त न हों। हमारे इमारत निर्माण प्रभारी काफी सख्त, एक अच्छे निर्माता और सेना के अनुशासित व्यक्ति थे। अतः हमारी दैनिक दिनचर्या भी बड़ी ही सख्त हुआ करती थी। हमारे वैज्ञानिक प्रयोगों व अन्वेषणों को करने के अतिरिक्त, सभी वैज्ञानिकों के लिए संभारिक दल के एक भाग के रूप में अन्य लोगों के साथ सुबह 9 बजे से शाम के 5 बजे तक किसी भी प्रकार के मौसम की परवाह किए बिना कठिन परिश्रम करना पूर्णतया अनिवार्य था (काम नहीं तो खाना भी नहीं और सोना भी नहीं, वैज्ञानिक कार्य को ध्यानगत रखे बिना सतत् काम पर लगे रहना है, ऐसा फौजी आदेश दिया गया था।)। हमलोगों ने बहुत कम समय में ही इमारत बना ली थी क्योंकि हमारे इमारत निर्माण प्रभारी बड़े ही यथार्थवादी सख्त अधिकारी जो थे। तेल के ड्रमों को एक स्थान से दूसरे स्थान पर ले जाना, भारी निर्माण सामग्रियों को भरना और फिर दूसरी जगह ले जाकर खाली करना, भूमि को खोदना, पत्थरों को तोड़ना, कंक्रीट मसाला तैयार करना, सिर और कंधों पर रखकर खम्भों को उठाना और फिर उच्च वायुवेगों से संघर्ष करते हुए -10^0 सेंटीग्रेड तापमान पर उनको खड़ा करके रखना बड़े ही कठिन काम थे। इसके अलावा, एक अन्य श्रमसाध्य कार्य था, बर्फ से जमी

सामने के पृष्ठ परः
मैत्री के लिए स्थल (ऊपर), भारी हिमपात के दौरान मैत्री के लिए डाली जा रही नींव (मध्य में), कुटीर को गर्म रखने के लिए तेल लेते हुए (आधार पर)

तत्कालीन प्रधानमंत्री के नाम पर नामकरण की गई इन्दिरा प्रियदर्शनी झील के सामने निर्माणाधीन स्थल पर प्रारम्भिक अभियान के दौरान बनाई गई अस्थायी कुटी

SITE
FOR
INDIAN
STATION

NAVY
IN464

झील की ऊपरी बर्फीली परत को तोड़कर लगभग 500 मीटर की दूरी पर स्थित सख्त व खड़ी ढाल वाले मैदान को पार करके वहाँ से निर्माणाधीन स्थल तक पानी लाना। यद्यपि हममें से अधिकांश लोग इस निर्माणाधीन कार्य को बड़ी ही हिचकिचाहट और अनिच्छा के साथ किया करते थे और अप्रसन्नता से भुनभुनाते रहते थे, परन्तु आज मैं उन पलों को हृदय में सँजोए हुए रखे हूँ और अत्यंत गर्व का अनुभव करता हूँ कि कहीं न कहीं मैं भी भारत के दूसरे स्थायी स्टेशन की नींव रखने के पवित्र कार्य के इतिहास का एक भाग रहा हूँ।

रात में, लगभग 9 बजे, जब हममें से कुछ लोग नए स्टेशन की छत को लगाने में व्यस्त थे, तभी अचानक ही तीव्र वेग का हिमझंझावात शुरू हो गया। छत को लगाने के लिए इमारत के ऊपर खड़े रहना मुश्किल हो रहा था। जब हमलोग ऊपर से नीचे कूदे, तो लकड़ी की छत का एक बड़ा सा टुकड़ा हवा में बहता हुआ आया और नीचे खड़े सेना के एक जवान पर गिरा।

इससे वे एक तरफ पड़े भारी से बोल्डर पर गिरे और दर्द के कारण जोर-जोर से चिल्लाने लगे। तुरंत ही उनको आवश्यक इलाज के लिए आधार शिबिर ले जाया गया, परन्तु वहाँ उनकी केवल गरम पानी से सिंकाई और कुछ पीड़ानाशक लेपों के द्वारा ही प्रारम्भिक तौर पर इलाज किया जा सका। इस बीच वायुवेग 80 मील प्रति घण्टा की रफ्तार पकड़ चुका था और तापमान गिरकर -18^0 सेंटीग्रेड हो गया था। आधारशिविर से जलयान के बीच संचार संबंध टूट गया था और आपातकालीन चिकित्सा सहायता के लिए चिकित्सक से सम्पर्क कर पाने का कोई मार्ग शेष नहीं था। इस चिकित्सकीय आपातकाल के साथ-साथ हमारे आधारशिविर की लकड़ी से बनी झोपड़ियाँ हिमझंझावात की कड़कड़ाहट व सीटी बजाती हुई आवाजों के साथ ध्वनि मिलाते हुए खड़खड़ा रहीं थीं। निश्चित रूप से ये क्षेत्रीय शिविर की बड़ी ही भयावह रात्रियाँ थीं।

हमारी व्यस्ततम श्रमसाध्य समय-सारणी में से कुछ फुरसत के पलों को निकालकर, एक दोपहर, मैं सेना के एक संभारिक सदस्य के साथ निकट स्थित रशियन स्टेशन "नोवोलाझेरेव्सकाया" (छोटे में नोवो नाम से जाना जाता था) घूमने गया, जो कि *मैत्री* से पाँच-छः किलोमीटर दूर था और जिसे पहाड़ी के ऊपर से देखा भी जा सकता था। हम उनके स्वागत के पारम्परिक तरीके, जिसमें वे ब्रेड और वोदका आगुंतक को पेश करते हैं, के साथ बड़ी ही गर्मजोशी से रशियन स्टेशन के सदस्यों से मिले। निकट ही स्थित जर्मन स्टेशन से भी दो सदस्य हमारे वार्तालाप में शामिल हो गए थे। इस निर्जन महाद्वीप में लोगों से मिल पाना एक बड़ा ही सुखद अनुभव था। उन लोगों के साथ आनन्दमय समय व्यतीत करने के पश्चात् लगभग 8 बजे हमलोगों ने वापस आधार शिविर की ओर लौटना प्रारम्भ किया। चूँकि वह मध्य फरवरी का

सामने के पृष्ठ पर
ऊपर से नीचेः
निर्माण के विषय में विचार-विमर्श (बाएँ), उत्सवाग्नि (दाएँ), एक खण्ड पूरा कर लेने के बाद दूसरे खण्ड के लिए नींव रखी जा रही है (मध्य में) *मैत्री* के निर्माण के लिए हेलिपेड तैयार करते हुए (नीचे)

समय था, इसलिए जनवरी की उजली रातों की तुलना में उस समय का आकाश अपेक्षाकृत हल्का अंधकारमय था। अकस्मात् हमने देखा कि उच्च्य वायुवेग और निम्नतम होती जा रही दृश्यता के साथ मौसम बड़ी ही तीव्रता से बदलता जा रहा था। हमने अनुमान लगाया कि शीघ्र ही एक हिमझंझावात क्षेत्र को ध्वस्त कर देगा। इसलिए हम दोनों ने दौड़ना शुरू कर दिया, परन्तु यह बड़ा कठिन था। इसी बीच हम आधार शिविर तक पहुँचने वाले अपने रास्ते से भटक गए थे और कहीं पक्षियों के घौंसलों से भरी किसी जगह पर पहुँच गए थे। वहाँ हमने असंख्य स्कुआ पक्षियों को देखा, जिनमें से कुछ बिल्कुल ही नवजात थे। जैसे ही हमने घोंसलों के क्षेत्र से गुजरने की कोशिश की, बड़ी भारी संख्या में पक्षियों ने हमारे सिर के ऊपर मँडराना शुरू कर दिया, साथ ही वे जोर-जोर से आवाज कर रहे थे और अपनी चोंच से हम पर हमला भी करने को तैयार हो रहे थे। सम्भवतः उन पक्षियों को लग रहा था कि हमलोग उनके नवजात पक्षियों को लेने आए हैं। अतः हमलोगों ने उस घोंसला संवेदी खतरनाक क्षेत्र से तुरंत ही दौड़ लगाई और फिर पक्षीगण शांत होने लगे। यह निश्चित ही बड़ा यंत्रणादायक अनुभव रहा। हमने आधारशिविर की ओर अपना भागना जारी रखा, परन्तु दो घण्टों की कठिन पैदल-यात्रा के बाद भी हमको कोई संकेत या चिन्ह वहाँ तक पहुँचने का नहीं मिल पा रहा था। धीरे-धीरे रात का अंधेरा बढ़ना शुरू हो गया था और वायुवेग भी धीरे-धीरे अपने भयभीत कर देने वाली सीटीयुक्त ध्वनि के साथ बढ़ रहा था। हमारे हृदय जोरों से धड़क रहे थे क्योंकि दौड़कर किसी अज्ञात

नोवोलाजारेव्सकाया स्टेशन हेलिकॉप्टर से लिया फोटो

हमले की मुद्रा में एक स्कुआ

स्थान तक पहुँच जाने के भय ने हमको अंदर तक झकझोर दिया था। मैं सोच रहा था कि शायद अब हम कभी अपने गंतव्य पर नहीं पहुँच पाएँगे और यहीं मृत्यु हमें गले लगा लेगी। यद्यपि हम दोनों बुरी तरह से थक चुके थे और हमारे शरीर जवाब दे गए थे, हमने ईश्वर को रास्ता बताने के लिए प्रार्थना करनी शुरू की। इसी बीच आधार शिविर में अन्य दल सदस्यों को हमारी चिंता हुई क्योंकि उनका हमसे कोई भी सम्पर्क नहीं हो पाया था। अंततः लगभग आधी रात को कुछ दूरी से हम अपने आधार शिविर को देख सकने में कामयाब हुए और फिर उस ओर दौड़ना शुरू किया। प्रत्येक व्यक्ति ने हमें वापस आया पाकर राहत की साँस ली। हिमझंझावात बहुत बढ़ गया था और एक सप्ताह के लिए हमलोग अपने स्टेशन में ही बंद होकर रह गए थे। दिन पर दिन भोजन सामग्री समाप्त हो रही थी, हमलोग जलयान से ताजी आपूर्ति की प्रतीक्षा कर रहे थे, परन्तु सब बेकार था। चूँकि अभियान समाप्ति पर था और 24 फरवरी, 1988 को हमारी अंटार्कटिका से वापस रवानगी थी, इसलिए हम सभी की सलाह यही थी कि शीघ्रातिशीघ्र सभी अपने-अपने काम खत्म करें और हम सभी वापस जलयान पर पहुँच जाएँ। अंत में, एक सप्ताह के हिमझंझावात के पश्चात् आसमान साफ हुआ। हमलोग सबसे पहले उपलब्ध चोपर से *मैत्री* स्टेशन से रवानगी का बड़ी ही बेचैनी से इंतजार कर रहे थे। मैंने 22 फरवरी, 1988 की दोपहर को मैत्री स्टेशन छोड़ा और अपने प्रादर्शों तथा अन्य सामानों को एकत्रित करने के लिए *दक्षिण गंगोत्री* उतरा। पिछले सप्ताह के हिमझंझावात के कारण पूरा का पूरा स्टेशन हिम की मोटी चादर के अंदर दब गया था और केवल चिमनी ही दिखाई दे रही थी। सीढ़ी की सहायता से, हम चिमनी पर चढ़ सके और चिमनी से ही छलांग लगाकर स्टेशन के अंदर घुसे। तीन मिनट के बाद, जब हम बाहर आए, हेलिकॉप्टर जा चुका था और खराब मौसम के कारण वापस भी नहीं आया था। अतः

खुशखबरी! मैं सातवें भारतीय अंटार्कटिक अभियान में प्रथम भारतीय शोधार्थी के रूप में भाग लेने के लिए चुन लिया गया था। यह मेरे जीवन का अत्यधिक खुशी का पल था, नहीं, वास्तव में यह मेरे जीवन के चरम आनंद का क्षण था। यह क्षण मुझे मिला था उनसे, जो मेरे सहलेखक महान व्यक्ति डॉ. एस. ज़ेड कासिम जिन्होंने प्रथम भारतीय अभियान का नेतृत्व किया और प्रथम भारतीय नागरिक के रिश्ते से महाद्वीप पर अपना प्रथम कदम रखा।

हिमशिलाखण्ड, पेंग्विनें, उनका अनुशासन और निःसंदेह जीवन को प्रसन्नतापूर्वक जीने की कला, अननुमेय मौसमीय परिस्थितियाँ, नयनाभिराम स्वच्छ चमकदार नीलगगन, भोजन सामग्री व सामानों का परिवहन, निर्माणाधीन गतिविधियों में भागीदारी, टेण्ट जीवन, इन समस्त प्रतिविम्बों को हम कैद कर लेना चाहते थे और भावी पीढ़ियों के लिए उन्हें सँजोना चाहते थे।

इस पृष्ठ में दिख रहे चित्र हमारी भावोत्तेजना को साबित करेंगे और हमारे पाठकों को अंटार्कटिका जाने के लिए आकृष्ट करेंगे।

हमलोग उस रात वहीं ठहरने के लिए भूमिगत बंकर के अंदर लौट गए। जैसे ही मौसम थोड़ा ठीक हुआ और दृश्यता में भी सुधार हुआ, तो रात में हमलोग दक्षिण गंगोत्री से जलयान की लाइटों को देख पा रहे थे। लगभग पचास किलोमीटर की दूरी से जलयान के जगमगाते प्रकाशस्त्रोतों को निहारना बड़ा ही मंत्रमुग्ध कर देने वाला दृश्य था। ऐसे दृश्य के दर्शन सिर्फ इसलिए सम्भव हो सके थे क्योंकि वातावरण पूरी तरह स्वच्छ हो गया था और हिमसतह भी पूर्णतया सपाट हो गई थी। अगली सुबह मैंने स्टेशन छोड़ा और जलयान पर पहुँच गया।

अंततः लगभग दो सप्ताहों के बाद मैंने जलयान में बड़े ही सुकून के साथ गर्म पानी से स्नान किया और अच्छा भोजन किया। अगले दिन, जब हमलोग अंटार्कटिका से लगभग रवाना होने ही वाले थे, हमने देखा कि हमारे संभारिक दल से एक सदस्य गायब थे। बड़ी ही व्यग्रता से की गई छानबीन के बाद ज्ञात हुआ कि हम उनको *दक्षिण गंगोत्री* में ही छोड़ आए हैं और फिर तुरंत ही उनको जलयान पर वापस लाने के लिए एक हेलिकॉप्टर भेजा गया। इसके बाद जैसे ही जलयान चलने के लिए लगभग तैयार ही था, कि मौसम ने फिर खराब होने की ओर करवट ले ली। अतः हमलोगों को फिर कुछ दिन इंतजार करना पड़ा। सदस्यों का धैर्य खोता जा रहा था। हममें से प्रत्येक सदस्य गृह-वियोग से ग्रसित था और अपनों के बीच पहुँच जाना चाहता था। धीरे-धीरे मौसम ने हमारे चेहरों पर मुस्कराहटें लाना प्रारम्भ की। अंत में, 28 फरवरी, 1988 को दोपहर 3.26 पर जलयान भारत के लिए रवाना हुआ और सभी के चेहरे प्रसन्नता से खिल उठे। जैसे ही जलयान चला, उसने विभिन्न रास्तों को अपनाया।

ऊपरः
रवानगी के दौरान महाद्वीप की अंतिम झलक

सामने का पृष्ठ दाएँः
अंटार्कटिका जाने से पूर्व राजीव गाँधी के साथ साहू।

सामने का पृष्ठ बाएँः
अभियान सदस्यों से फोन पर बातचीत करते राजीव गाँधी।

आज, मैं स्वयं को बड़ा ही भाग्यशाली मानता हूँ और मुझे गर्व है कि मैंने *मैत्री* नामक भारत के स्थायी अनुसंधान स्टेशन की नींव रखे जाने के कार्य में भाग लिया था। रूक्ष व दुष्कर मौसमी परिस्थितियों में इमारत निर्माण का कार्य बहुत कठिन था। एक इतिहास की रचना हेतु आवश्यक उच्च आत्मिक भावना से स्वयं को ओतप्रोत करके, मैंने भी कुछ अन्य सदस्यों के साथ इमारत निर्माण के कार्य में हाथ बँटाया। श्रीफल फोड़कर हमने चट्टानी भूमि को खोदकर कार्यारम्भ किया, अपने सिर व कंधों पर लोहे के तख्तों को उठाकर निर्माणाधीन स्थल तक ले जाते थे। हमने पत्थर तोड़े, कंक्रीट मसाला तैयार किया, और भूमि पर लोहे के स्तम्भ खड़े किए। हमको 300-500 मीटर की दूरी पार करके झील से निर्माणाधीन स्थल तक पानी से भरी बाल्टियाँ लेकर आने का सबसे दुष्कर कार्य का उत्तरदायित्व भी सौंपा गया था। आज लगभग पच्चीस वर्षों बाद, इमारत वैसी ही मजबूत बनी हुई है। केवल इतना ही नहीं, बल्कि यह अंटार्कटिका में भारतीय वैज्ञानिक गतिविधियों का केंद्र है।

हमें बतलाया गया कि हम “करगुले द्वीप” (फ्रांसीसी प्रदेश) से होकर गुजरेंगे और मॉरीशस से होकर नहीं जाएँगे, जो कि सामान्य रास्ता था। जैसे ही हमारी यात्रा आगे बढ़ रही थी, समुद्री जल जमना शुरू हो गया था।

हमने 4 मार्च, 1988 को 60^0 दक्षिण, 8 मार्च, 1988 को 50^0 दक्षिण पार किया। हमने 10 मार्च को कोलाहलपूर्ण 40^0 दक्षिण और 22 मार्च, 1988 को भूमध्यरेखा पार की। इस तरह उच्च सागरों और हिमानी महाद्वीप में 121 दिन व्यतीत करने के पश्चात् हम मार्च 1988 को भारत वापस लौटे और गोवा में एक मिलन समारोह में सभी से भेंट की। अभियान के उन 121 दिनों की स्मृतियाँ मेरे

मन-मस्तिष्क में हमेशा-हमेशा के लिए अमिट रूप से मुद्रित हो चुकी हैं और वे मेरे जीवन के अद्भुत व अविस्मरणीय अनुभव हैं, जिनमें से किसी एक का भी वर्णन कर पाना कठिन है क्योंकि उनको सिर्फ महसूस ही किया जा सकता है। मैंने उनके प्रत्येक पल को जिया है और यहाँ तक कि दो दशकों के बाद भी या फिर इससे आगे भी मैं बार-बार प्रकृति की इस अद्भुत रचना में की गईं अपनी भ्रमण स्मृतियों को प्रेम करता रहूँगा।

वर्तमान में *मैत्री* एक अन्तर्राष्ट्रीय स्टेशन है, पूरे साल लोग वहाँ रहते हैं, लगभग पच्चीस लोगों के रहने की सुविधाएँ वहाँ हैं, आवासीय सुविधाएँ, प्रयोगशालाएँ व्यवस्थित रूप से सुसज्जित हैं, आधुनिक यंत्रों-उपकरणों से परिपूर्ण प्रयोगशालाओं में विज्ञान के विभिन्न क्षेत्रों में उच्च स्तरीय अनुसंधान किए जा सकने हेतु उत्कृष्ट आधारभूत सुविधाएँ उपलब्ध हैं। भारत और मैत्री के मध्य संचार व्यवस्था उपग्रह, एचएफ संयोजनों, टेलिफोन, फेक्स व टेलेक्स तंत्रों के माध्यम से सुव्यवस्थित रूप से स्थापित की गईं हैं।

अंटार्कटिका ने मुझे सब कुछ अद्वितीय ही प्रदान किया है। इस अभियान ने मुझे मेरे जीवन में अनेक उपहार दिए हैं। उन वर्षों में, 1980 के दशक में बहुत सी बातें जैसे कि फ्लाइट टिकटों (इन दिनों केवल इण्डियन एयरलाइंस और एयर इण्डिया का ही उपयोग किया जाता था) का मिलना, पासपोर्ट मिलना, विदेश घूमना आदि बड़ी ही कठिन हुआ करतीं थीं। मैं यहाँ स्पष्ट करना चाहता हूँ कि मैं अपने जीवन में पहली बार सितम्बर 1987 को हवाई जहाज में बैठा था, जब मैंने हाइ एल्टिट्यूड वारफेयर स्कूल में अपने प्रशिक्षण के लिए दिल्ली से श्रीनगर के लिए उड़ान भरी थी। मैंने पहली बार हेलिकॉप्टर में उड़ान भरी। जब मैंने अपने पासपोर्ट के लिए आवेदन किया तो क्षेत्रीय पासपोर्ट अधिकारी बड़े ही दयालु व्यक्ति थे, जब उनको मालूम हुआ कि मैं अंटार्कटिका जाने वाला हूँ तब उन्होंने मेरी बड़ी सहायता की। मेरी पहली समुद्री यात्रा उस स्थान से प्रारम्भ हुई जहाँ आपको वीज़ा की आवश्यकता नहीं होती। प्रथम बार, मैंने जलयान में यात्रा की। मैं अपने साथ कुछ डॉलर ले गया था, परन्तु अंटार्कटिका में कुछ खरीदा ही नहीं जा सकता था क्योंकि वहाँ कोई दुकानें नहीं थीं। मेरे जीवन की अनेक प्रथम बातों में से, सबसे महत्वपूर्ण प्रथम बात यह थी कि मैंने पहली बार एक भावनात्मक व देशभक्ति से परिपूर्ण अनुभूति से स्वयं को अनुप्राणित व सराबोर अनुभव किया था कि मैं अपने देश के लिए कुछ विशेष करने जा रहा हूँ। एक भारतीय की हैसियत से, अपने देश के लिए अनुभव की गई वह विशिष्ट अनुभूति वास्तव में अद्वितीय थी, जिसे मैं अभियान के दौरान अनुभूत कर सका था। दूसरी बड़ी अनुभूति थी कि मैंने अंटार्कटिका में नववर्ष और भारत का गणतंत्र दिवस समारोह मनाए थे।

सामने का पृष्ठ ऊपरः
भारत के तत्कालीन विज्ञान एवं तकनीकी मंत्री,
श्री के. आर. नारायणन
से स्मृति-चिन्ह ग्रहण
करते हुए साहू।

सामने का पृष्ठ नीचेः
तत्कालीन राष्ट्रपति
श्री आर. वेकटरमण
के साथ साहू (नीचे बाएँ)
अंटार्कटिका से लौटने के बाद
राजीव गाँधी के साथ साहू एवं
श्रीमती साहू (नीचे दाएँ)

नीचेः
भारतीः भारत का तीसरा स्थायी स्टेशन

अंटार्कटिक अनुसंधान से लाभ

अंटार्कटिक अनुसंधान से देश को अनेक लाभ प्राप्त हुए हैं। सर्वप्रथम और प्रमुख लाभ तो यह रहा कि भारत के अंटार्कटिक कार्यक्रम के कारण अतिशीत व दुष्कर परिस्थितियों में काम कर पाने में सक्षम व्यक्तियों का एक दल बना पाना सम्भव हो सका। उनके अथक प्रयासों द्वारा अंटार्कटिका के विषय में प्रत्यक्ष ज्ञान प्राप्त किया गया। अभियानों के दौरान, वैज्ञानिक अंटार्कटिक परिस्थितियों, जो कि कहीं और मिलना सम्भव नहीं हैं, में अनेक देशी उपकरणों व अन्य सामानों के परीक्षण कर पाए।

रक्षा अनुसंधान व विकास संस्थान (डीआरडीओ) द्वारा विकसित पात्रनुमा आवासकक्षों का अंटार्कटिका में उपयोग एक प्रमुख उपलब्धि साबित हुई। पात्रनुमा आवासीय सुविधाओं से प्राप्त अनुभवों के आधार पर वर्ष-दर-वर्ष इनमें संशोधन किए जाते रहते हैं। अंटार्कटिका से प्राप्त अनुभवों का सामरिक महत्व की भारत की रक्षा आवश्यकताओं हेतु सफलतापूर्वक उपयोग किया गया है। अतिरूक्ष मौसमी परिस्थितियों में इमारतों के उत्थापन व निर्माण की विधियों में भी एक बड़ा अनुभव मिला है। अंटार्कटिका में रहने के लिए विकसित किए गए विशेष प्रकार के वस्त्रों, जूतों, टेण्टों व अन्य सामानों की रचना व विकास का उपयोग अब भारतीय रक्षा सेनाओं द्वारा सरहदी क्षेत्रों में किया जा रहा है।

देशी उपकरणों के उपयोग से लम्बी दूरी के संचार संयोजनों की स्थापना, हेलिपेडों के निर्माण, वाहनों के प्रचालन व रखरखाव तथा प्रवर्धित व तैयार भोजन के विविध व्यंजनों के विकास के लिए भी एक महत्वपूर्ण लाभ हुआ है।

दुष्कर व अज्ञात क्षेत्रों में वाहनों के प्रचालन हेतु भारतीय लोगों को प्रशिक्षित कर पाना भी सम्भव हो सका है। ठीक इसी तरह, अन्तर्राष्ट्रीय मानकों पर अपशिष्ट पदार्थ के उपचार व निपटान का भी पूरी तरह से नया अनुभव प्राप्त हुआ है। मौसम विज्ञान के क्षेत्र में महत्वपूर्ण लाभ हुए हैं। समयोचित पूर्वानुमानों को लगा पाना सम्भव हो सका है और जिससे अंटार्कटिका में नौसंचालन तथा वैज्ञानिक अन्वेषणों के लिए चेतावनियाँ जारी की जा सकती हैं। अंटार्कटिका के ऊपर सतही तापमान

Dakshin Gangotri India
Maitri India
Bharti India
Map not to scale

की मौसमी विविधता और उष्णकटिबंधीय क्षेत्रों में वर्षा के होने के मध्य सम्भावित संबंध के विषय को समझने में भी एक सार्थक लाभ हुआ है। इन अभियानों के दौरान सम्पादित किए गए हिमनद वैज्ञानिक अध्ययनों ने हिमालयी व अंटार्कटिक हिमनद विज्ञान के मध्य संबंध के अध्ययन हेतु आधार उपलब्ध कराए हैं। दुनिया का कोई भी अन्य देश इस तरह के अध्ययन से अभी काफी दूर है। अंटार्कटिक अभियानों के परिणामस्वरूप, भारत ऐसे व्यक्तियों को बना पाने में सक्षम हुआ है, जो नौसंचालन में प्रवीण हैं और जो अत्यंत दुष्कर व अज्ञात क्षेत्रों में स्थिति निर्धारित कर पाते हैं।

अंटार्कटिका में भारत के लगातार प्रचालन ने अंटार्कटिका में अभिरुचि रखने वाले अन्य देशों के साथ आँकड़ों व अंटार्कटिका से सम्बद्ध जानकारियों के आदान-प्रदान में वैज्ञानिकों के सहयोग को सरल बना दिया है। अंटार्कटिक स्टेशन विभिन्न वैज्ञानिक दलों को समयोचित पूर्वानुमान और चेतावनी देने के रूप में संभारिक सहयोग प्रदान करता है। भारत द्वारा अंटार्कटिका में मौसम पूर्वानुमान तंत्र भी पहले से ही स्थापित किया जा चुका है। सामान्य मौसम परिस्थितियों के विषय में जानकारियाँ तथा आँकड़े एकत्रित किए जा रहे हैं और इनको अंटार्कटिका में स्थित अन्य मौसम स्टेशनों के साथ साझा भी किया जा रहा है। भारतीय मानसून की भविष्यवाणी व पूर्वानुमान के लिए आधार-रेखीय आँकड़े भी अब दिल्ली में भारतीय मौसम विज्ञान विभाग तथा राष्ट्रीय समुद्र विज्ञान संस्थान (एनआईओ), गोवा में उपलब्ध होते है।

अंटार्कटिक क्षेत्र में रेडियोएक्टिव रेडान के अतिनिम्न स्तरों के मापन हेतु भारत की क्षमताओं की स्थापना भी प्रगति पर है। चरम अंटार्कटिक क्षेत्र में मानवीय अनुकूलन व समायोजन पर भी अध्ययन जारी हैं। चरम अंटार्कटिक पर्यावरण में मानवीय अनुकूलन व समायोजन पर किए जा रहे ये अध्ययन अत्यधिक मूल्यवान साबित होंगे।

सामने के पृष्ठ परः
अंटार्कटिका में भारत के स्थायी स्टेशनों *दक्षिण गंगोत्री, मैत्री* तथा भारती के निर्देशांक। *मैत्री* (इण्डिया बे पर स्थित दूसरा स्टेशन) और *भारती* (लार्समान पर्वत पर स्थित तीसरा स्टेशन) के बीच 3098 किलोमीटर की दूरी है।

दक्षिण गंगोत्री (भारत का प्रथम स्टेशन) भूमि में धँस चुका है। भूमण्डलीय तापन धन्यवाद का पात्र होगा यदि बर्फ पिघलती है तो शायद डीजी पुनः अवतरित हो जाए या महासागर में बहता हुआ दिखाई दे जाए!

नीचेः

स्वागत दल बनाती हुईं पेंग्विनें

अंटार्कटिक विज्ञान की राष्ट्रीय महत्ता

भारत कुछ निश्चित क्षेत्रों में अपने अंटार्कटिक मिशन से प्राप्त परिणामों की उपेक्षा किसी भी कीमत पर नहीं कर सकता है। विशेष रूप से उन अध्ययनों, जो भूमण्डलीय प्रक्रियाओं में अंटार्कटिका की भूमिका प्रदर्शित करते हैं तथा जो मानवजाति के कल्याण से सीधा सरोकार रखते हैं, का निरूपण सम्भव है। भूतपूर्व पूर्वी जर्मन स्टेशन "*जॉर्ज फॉस्टर*" की समाप्ति से सम्बद्ध पश्च शीतयुद्ध को दृष्टिगत रखते हुए और रशियन स्टेशन *नोवोलाज़ारेव्सकाया* की वैज्ञानिक गतिविधियों में कमी को ध्यानगत रखते हुए, भारतीय स्टेशन के लिए क्वीन मॉडलैण्ड में एकमात्र सक्रिय आधार के रूप में पूर्व-उच्चक्षेत्र का चयन किया गया। अतः, भारतीय वैज्ञानिकों द्वारा एकत्रित किए गए वैज्ञानिक आँकड़े अत्यधिक महत्वपूर्ण हैं। भारत के अनुसंधानों की महत्ता का निम्नानुसार विवरण दिया जा सकता है:-

1. भारत की अर्थव्यवस्था प्रत्यक्ष रूप से मानसून पर निर्भर है। मानसून का नियंत्रण सम्पूर्ण भूमण्डलीय तंत्रों पर उत्पादित अनेक प्राचलों द्वारा होता है। अनेक वर्षो से भारतीय वैज्ञानिकों द्वारा एकत्रित किए जा रहे जलवायवीय आँकड़ों से मानसून की भविष्यवाणी के लिए विकसित किए जा रहे अपेक्षाकृत अधिक परिशुद्ध प्रारूप के विकास में मदद मिलेगी तथा हिन्द महासागर के ऊपर मौसमतंत्र की गत्यात्मकता को समझा जा सकेगा। ठीक इसी तरह, हिमकोरों के अध्ययन पुराजलवायवीय अभिलेखों के चित्र देंगे जो कि उनके पूर्वानुमानित प्रारूपों के लिए जीवन्त निवेश प्रदान कर सकते हैं।
2. अंटार्कटिका ओजोन क्षीणता के मूल्यांकन हेतु एकमात्र मंच उपलब्ध कराता है। भूमण्डलीय प्रयास के एक भाग के रूप में कार्य होने के बावजूद भी ओजोन छिद्र घटना को समझना भारतीय वैज्ञानिकों के लिए विशिष्ट अभिरुचि का विषय रहा है। छिद्र, जिसे एक बार स्थायी मान लिया गया था, को गत्यात्मक साबित किया जा चुका है। इससे हिन्द महासागर की मौसमीय प्रवृत्तियों पर सम्भवतः कुछ प्रभाव पड़ सकेगा।
3. भूवैज्ञानिक भूतकाल (70-250 करोड़ वर्षो पूर्व) में, भारत तथा अन्य दक्षिणी महाद्वीप केवल एक भूभाग हुआ करते थे, जो गोंडवानालैण्ड कहलाता था, जिसमें से अंटार्कटिका उसके केंद्र में स्थित एक टुकड़ा था। इस अवधि के दौरान, तीव्र चुम्बकीय प्रक्रिया के

फलस्वरूप अत्यधिक मात्रा में खनिज जमा हुए, जिनको कि हम आज की दुनिया में पाते हैं। भारतीय भूवैज्ञानिकों का उद्यम है कि वे भारत के प्रायद्वीपीय सीमांतों के साथ अंटार्कटिका का सर्वोत्तम तालमेल बिठाते हुए पुनर्संरचना कर सकें। ऐसा करने से न केवल पृथ्वी के टेक्टॉनिक इतिहास को भलीभाँति समझा जा सकेगा, बल्कि इसके साथ ही साथ भारत और अंटार्कटिका के क्रेटॉनिक शील्ड्स में भूसंसाधनों के स्थानिक वितरण के स्पष्टीकरण में भी सहायता मिलेगी।

4. दक्षिणी महासागर वातावरणीय कार्बन डाईऑक्साइड का एक प्रमुख निमज्जक है। इस जलराशि की उच्च उत्पादकता का यही कारण भी है, जिसका सीधा प्रभाव नवजात मत्स्य सम्पदा पर पड़ता है। फलस्वरूप, अंटार्कटिक जलों में क्रिल, मछलियों तथा स्क्विड के भण्डार आर्थिक संसाधनों के रूप उनके दोहन के लिए सम्मिलित रूप से समस्त महासागरों के सतत् अन्वेषण के लिए आमंत्रित करते हैं। अंटार्कटिक जलों का महासागरी भाग भविष्य में समुद्री जीवित संसाधनों का स्त्रोत बन सकता है, जो अन्वेषण से काफी दूर रह गया है।
5. अंटार्कटिक एक्सट्रीमोफाइल्सों ने जैव तकनीकी में अपनी महत्ता के अन्वेषण हेतु भारतीय सूक्ष्मजीववैज्ञानिकों का ध्यान आकर्षित किया है। अंटार्कटिक सूक्ष्मजीवों में उपलब्ध निम्न तापमान जीनों की पहचान के लिए प्रयास जारी हैं। इन जीनों को मीसोफिलिक बैक्टीरिया में क्लोन किया जा सकता है। इससे हिमालय के अतिठण्ड वाले क्षेत्रों में अत्यंत निम्न तापमान वाली परिस्थितियों में मानवीय व अन्य कार्बनिक अपशिष्टों के निपटान (जैवनिम्नीकरण द्वारा) में सहायता मिलेगी।
6. अंटार्कटिका की रूक्षता से बचने के लिए मानवजाति के लिए विकसित अनुकूलन तकनीकियाँ तथा तनाव व दबाव के अन्तर्गत उनकी शारिरिक उत्पादकता में बढ़ोत्तरी के लिए प्रयुक्त तरीके व साधन सरहदी क्षेत्रों में ठीक इसी तरह की परिस्थितियों में रह रहे हमारे रक्षा कर्मियों की मानसिक व शारीरिक स्वस्थता के सुधार हेतु एक जीवन्त दृष्टिकोण प्रदान करेंगे।
7. पृथ्वी के ऊपरी वातावरण में होने वाली प्लाजमा प्रक्रियाओं की समझ लम्बी दूरी के रेडियो संचार व उपग्रहीय प्रचालन से सम्बद्ध विषयों में प्रायोगिक तौर पर महत्वपूर्ण साबित होगी। उच्च तुंगतावाले क्षेत्र, विशेषरूप से अंटार्कटिका, विशेषकर उच्च आवृत्ति तथा निम्न आवृत्ति वाले प्रेषणों के लिए संचरण में सर्वोत्तम सम्भावित तरीकों के अध्ययन हेतु अद्वितीय अनुकूलित क्षेत्र उपलब्ध कराते हैं।
8. निम्न तापमान संरचनात्मक अभियांत्रिकी में दक्षता विकसित करने के लिए अंटार्कटिका एक अद्वितीय प्राकृतिक प्रयोगशाला है। जीवन-रक्षक तंत्रों के क्षेत्र में विकसित तकनीकियों तथा *दक्षिण गंगोत्री* व *मैत्री* में स्थापित किए गए स्टेशन के आधारभूत ढाँचों की संरचनाओं को हिमालय में उन्नत आधारों की रूपरेखा तैयार करने व उनको स्थापित करने के लिए सफलतापूर्वक अपनाया गया है।
9. भारतीय सेना, नौसेना और वायुसेना ने अभियानों में अपनी भागीदारी के आधार पर अत्यधिक प्रतिकूल जलवायवीय परिस्थितियों में हिम-बर्फ नौसंचालन में उत्कृष्ट स्तर की व्यावसायिक दक्षता हासिल की है। इसके साथ ही साथ, उच्च आवृत्ति के माध्यम से अंटार्कटिक स्टेशन व मुख्य भूमि के मध्य एक प्रभावी संचार संयोजन स्थापित करने की क्षमता का भी वे पहले से प्रदर्शन कर चुके हैं।

भू-राजनीतिक तत्व

वैज्ञानिक दृष्टिकोण से तो अब भारत के पास अत्यंत सशक्त आधार है ही, वहीं दूसरी ओर यह ध्यान देने योग्य बात है कि वह उतनी ही अभिरुचि के साथ अंटार्कटिक कार्यक्रम में आत्मसात किये गए एक सशक्त भू-राजनीतिक तत्व से भी परिपूर्ण है। यह कहा जा सकता है कि यद्यपि अन्तर्राष्ट्रीय भू-भौतिकीय वर्ष के लिए कई साल पहले 1959 की अंटार्कटिक संधि की उत्पत्ति हुई थी, फिर भी निकट परीक्षणों से प्रकट होता है कि इसकी शुरुआत प्रथम अन्तर्राष्ट्रीय ध्रुवीय वर्ष के साथ हुई थी। उन्हीं वर्षों के दौरान अंटार्कटिक क्षेत्र के अक्षांशों व देशांतरों का निर्धारण किया गया था। अंटार्कटिक संधि के लिए प्रारम्भिक कार्य अन्तर्राष्ट्रीय भू-भौतिकीय वर्ष के दौरान एक विशेष समिति द्वारा सम्पादित किए गए थे, जो उस समय, अंटार्कटिक अनुसंधान स्थायी समिति के नाम से जानी जाती थी। इस समिति का 1961 में, जब अंटार्कटिक संधि लागू हुई थी, पुनःनामकरण करते हुए इसे अंटार्कटिक अनुसंधान वैज्ञानिक समिति (स्कार) नाम दिया गया। इस तरह स्कार और अंटार्कटिक संधि आपस में संयुक्त हुए या दूसरे शब्दों में विज्ञान और राजनीति एक विशाल ढाँचे के अंदर अन्तर्समाहित हो गए। वर्तमान में, अंटार्कटिक महाद्वीप से संबंधित समस्त गतिविधियाँ व मामले, जिसमें इसका पर्यावरण तथा सम्पादित वैज्ञानिक अनुसंधान भी शामिल हैं, इन सभी का प्रबन्धन अंटार्कटिक संधि तंत्र (एटीएस) द्वारा किया जाता है।

संधि के प्रमुख उद्देश्य निम्नानुसार हैं:-

1. अंटार्कटिका का उपयोग केवल और केवल शांतिपूर्ण उद्देश्यों हेतु करना।
2. अंटार्कटिका में वैज्ञानिक अनुसंधान को सरल बनाना।
3. अंटार्कटिका में अन्तर्राष्ट्रीय वैज्ञानिक सहयोग को सरल बनाना।
4. अनुच्छेद-7 के तदनुसार निरीक्षण के अधिकार की पालन प्रक्रिया को सरल बनाना।
5. अंटार्कटिका में क्षेत्राधिकार के पालन से संबंधित प्रश्न को निषिद्ध करना।
6. अंटार्कटिका के जीवित संसाधनों का परिरक्षण व संरक्षण करना।

सम्भवतः समुद्री हिम ने ही हम सभी को सबसे अधिक आकर्षित किया, उसकी सुन्दरता मौसम के साथ बदलती रहती है। यह शरद ऋतु में बनती है, शीतकाल में यह विस्तृत रूप से फैल जाती है और वसंत में टूटना प्रारम्भ हो जाता है। ग्रीष्मकाल में यह प्लावी-हिमपुँज के रूप में तब तक प्रवाहित होती रहती है जब तक कि इसका अधिकांश भाग पिघल नहीं जाता क्योंकि यह अब उत्तर की ओर अपेक्षाकृत गरम जलों में समाहित होने लगती है।

सामने के पृष्ठ परः
प्रथम अभियान को चिन्हित करने वाला डाक टिकट जारी किया गया

नीचेः
सातवें अभियान 1987-88 के दौरान भारत का प्रथम पोस्ट ऑफिस खोला गया था

भारतीय क्षमताओं का अभिज्ञान

प्रचालन प्रक्रिया में प्रवेश करने तथा उसका एक अंग बनने के लिए, एक नए संविदा सदस्य को एक परामर्शक का दर्जा दिया जा सकता है, यदि वह अंटार्कटिका के प्रति अपनी सारगर्भित वैज्ञानिक अभिरुचि प्रदर्शित करता है अथवा वह अंटार्कटिक अभियानों में संलग्न है। अंटार्कटिक संधि प्रक्रिया में भारत का प्रवेश और शीघ्र ही उसे 1983 में परामर्शक दर्जा मिल जाना बड़े ही संतोष का विषय है और यह भारत की वैज्ञानिक क्षमताओं तथा दक्षताओं को अन्तर्राष्ट्रीय समुदाय द्वारा प्रदत्त एक अनुप्रमाणन है। वे देश जो संधि के निर्वाचित सदस्य होते हैं, अंटार्कटिक संधि परामर्शक स्तरीय दल (एटीसीएसपी) कहलाते हैं। वर्तमान में, भारत सहित इस तरह के छब्बीस एटीसीएसपी सदस्य राष्ट्र शामिल हैं। इसके अलावा, सोलह अन्य राष्ट्र हैं, जिन्हें अंटार्कटिक संधि में सम्मिलित तो किया गया है, परन्तु उन्हें अभी तक परामर्शक का दर्जा नहीं प्राप्त हुआ है। भारत ने अंटार्कटिका में अपनी उपस्थिति दर्शाने के लिए वहाँ अपना एक सांकेतिक पोस्ट ऑफिस भी खोला है।

नीचेः
अंटार्कटिका के सच्चे
और निष्ठावान नागरिक

अंटार्कटिक नागरिक अथवा निवासी

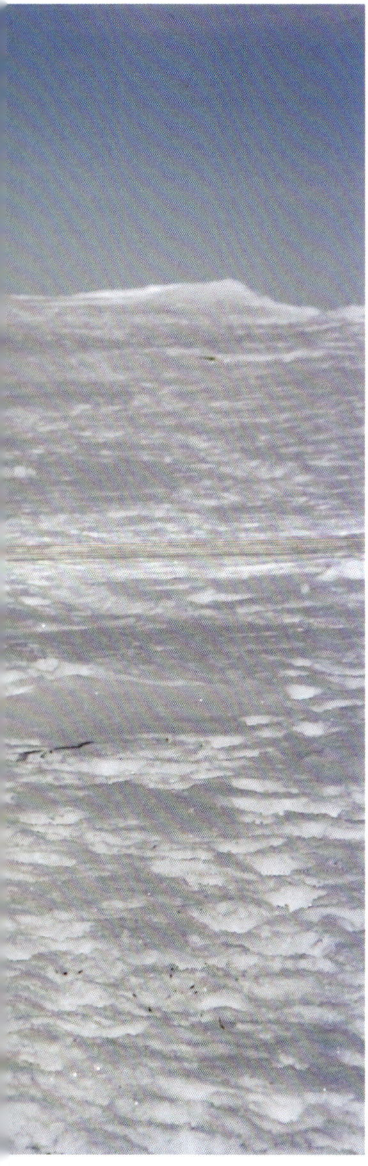

अंटार्कटिका में कोई भी स्थायी निवासी नहीं होता है, परन्तु अनेक सरकारें सम्पूर्ण महाद्वीप में स्थायी मानवयुक्त अनुसंधान स्टेशनों का व्यवस्थापन करती हैं। महाद्वीप में तथा उसके निकट के द्वीपों में अनेक लोग, जैसे कि शीतकाल में लगभग 1000 और ग्रीष्मकाल में लगभग 5000 लोग वैज्ञानिक अनुसंधान एवं अन्य कार्यों को सम्पादित करते हैं और सहयोग प्रदान करते हैं।

अंटार्कटिका के निकट के क्षेत्रों (अंटार्कटिक अभिमुख के दक्षिण में स्थित क्षेत्रों) के प्रथम अर्ध-स्थायी निवासी ब्रिटिश व अमेरिकी सील मछली के शिकारी थे, जो 1786 से आगे तक दक्षिण जार्जिया में एक या अनेक वर्षों तक समय व्यतीत करते थे। दक्षिणी ध्रुवीय क्षेत्र में जन्म लेने वाला प्रथम नवजात शिशु एक नार्वेजिअन महिला साल्वीज़ गुन्बजोर्ग जेकबसन थीं, जिनका जन्म 8 अक्टूबर, 1913 को ग्रिटविकेन में हुआ था और उसके जन्म का पंजीकरण दक्षिण जार्जिया के निवासी ब्रिटिश मजिस्ट्रेट द्वारा किया गया था।

एमिलिओ मारकोस पालमा 60वें समानांतर दक्षिण के दक्षिण (अंटार्कटिक संधि के अनुसार महाद्वीपीय सीमा) में जन्म लेने वाला प्रथम व्यक्ति था और साथ ही वह अंटार्कटिक प्रायद्वीप के शिखर पर स्थित बेस एस्पेरेन्जा में 1978 में अंटार्कटिक मुख्यभूमि पर जन्म लेने वाला प्रथम व्यक्ति था, उसके माता-पिता सात अन्य परिवारों के साथ अर्जेन्टीना की सरकार द्वारा वहाँ भेजे गए थे, ताकि यह निर्धारित किया जा सके कि महाद्वीप पर पारिवारिक जीवन उपयुक्त हो सकता है अथवा नहीं। 1984 में, जॉन पाबलो कामाचो का जन्म फ्रेइ मोनटालवा स्टेशन में हुआ था, जो अंटार्कटिका में जन्मा प्रथम चिलियाई कहलाया। अनेक आधार भी अब परिवारों के घर बन गए हैं, उनके बच्चे स्टेशन में ही स्कूल जाते हैं। 2009 से, ग्यारह बच्चे अंटार्कटिका (60वें समानांतर दक्षिण के दक्षिण) में, आठ बच्चे अर्जेन्टीना के एस्पेरेन्जा बेस तथा तीन बच्चे चिली के फ्रेइ मोनटालवा स्टेशन में जन्म ले चुके हैं।

अंटार्कटिका की कोई सरकार नहीं है, हालाँकि अनेक देश कुछ क्षेत्रों में अपनी प्रभुसत्ता होने का दावा करते रहते हैं। जबकि इन देशों में से कुछ ने आपस में ही एक दूसरे के दावों को मान्यता दे रखी है, इन दावों की वैधता को सामान्यतया सार्वभौमिक रूप से मान्यता प्राप्त नहीं है। 1959 से अंटार्कटिका पर किए गए नए दावों को खारिज किया जा चुका है तथा महाद्वीप को राजनीतिक रूप से तटस्थ माना गया है। इसका नियमन 1959 की अंटार्कटिक संधि व अन्य संबंधित समझौतों, जिन्हें सामुहिक रूप से अंटार्कटिक संधितंत्र कहा जाता है, के द्वारा किया जाता है। संधितंत्र के उद्देश्यों की पूर्ति हेतु अंटार्कटिका को सम्मिलित रूप से उसके समस्त द्वीपों व 60^0 दक्षिण के हिममग्नतटों के रूप में परिभाषित किया गया है। संधि पर बारह राष्ट्रों ने हस्ताक्षर किए थे, जिनमें सोवियत संघ (बाद में रूस), यूनाइटेड किंगडम, अर्जेन्टीना, चिली, ऑस्ट्रेलिया तथा संयुक्त राज्य अमेरिका शामिल थे। यह निर्धारित किया गया कि अंटार्कटिका को एक वैज्ञानिक परिरक्षक के रूप में सबसे अलग रखा जाएगा, वहाँ वैज्ञानिक अन्वेषणों की स्वतंत्रता होगी, व पर्यावरणीय संरक्षण करना होगा, साथ ही वहाँ महाद्वीप पर सैनिक कार्यवाही निषिद्ध रखी गई है। शीतयुद्ध के दौरान स्थापित किया गया यह प्रथम सैन्य नियंत्रण समझौता था। अतः, अंटार्कटिका का कोई आधिकारिक ध्वज नहीं है क्योंकि यह कोई राष्ट्र नहीं है और न ही किसी एक सरकार या निकाय द्वारा इस पर शासन किया जा रहा है। अंटार्कटिक संधि संस्थान ने 2002 में एक ध्वज अपनाया और इसका उपयोग महाद्वीप के एक अनाधिकारिक प्रतीक के रूप में किया जाता है।

सन् 1983 में अंटार्कटिक संधि राष्ट्रों ने अंटार्कटिका उत्खनन नियंत्रण समझौता पर वार्तालाप प्रारम्भ किया। अन्तर्राष्ट्रीय संस्थानों के एक गठबंधन ने,

ग्रीनपीस इण्टरनेशनल, जिसने रॉस सी क्षेत्र में अपना स्वयं का वैज्ञानिक स्टेशन- वर्ल्डपार्क बेस- स्थापित किया है और जो महाद्वीप पर मानवों के पर्यावरणीय प्रभावों के प्रलेखन के लिए प्रतिवर्ष अभियानों का संचालन करता है, के नेतृत्व में क्षेत्र में किसी भी प्रकार के खनिज विकास को रोकने के लिए एक लोक दबाव प्रचार अभियान की शुरुआत की। सन् 1988 में, अंटार्कटिक खनिज संसाधन नियंत्रण समझौता (सीआरएएमआरए) अपनाया गया। इसी वर्ष, हालाँकि, ऑस्ट्रेलिया तथा फ्रांस ने घोषणा की कि वे इस समझौते का अनुसमर्थन नहीं करेंगे, क्योंकि वस्तुतः प्रतिदान में सबकुछ समाप्त हो जाएगा। इसके स्थान पर उन्होंने प्रस्ताव रखा कि अंटार्कटिक पर्यावरण के संरक्षण के लिए इसकी जगह पर एक व्यापक क्षेत्र पर समझौता किया जाए। अंटार्कटिक संधि हेतु पर्यावरण संरक्षण नयाचार (मेड्रिड नयाचार) पर समझौता हुआ क्योंकि अन्य देशों ने भी इस पर अपनी सहमति जताई थी और 14 जनवरी, 1998 को यह लागू किया गया। मेड्रिड नयाचार ने अंटार्कटिका में सभी प्रकार के उत्खनन पर पूरी तरह से रोक लगाई हुई है, उसने महाद्वीप को "शांति व विज्ञान हेतु समर्पित एक प्राकृतिक प्रारक्षित क्षेत्र" के रूप में स्थान प्रदान किया है। अंटार्कटिक संधि के तहत अंटार्कटिका में किसी भी तरह की सैन्य प्रक्रियाएँ, जिनमें सैन्य आधारों व किलेबंदी की स्थापना, सैन्य युद्धाभ्यास तथा हथियार परीक्षण शामिल हैं, प्रतिबंधित हैं। सैन्य कर्मीदलों या उपकरणों के प्रयोग की अनुमति मात्र वैज्ञानिक अनुसंधानों अथवा अन्य शांतिपूर्ण कार्यों हेतु ही प्रदान की गई है।

पेंग्विनें ही पेंग्विनें! हम हमारे द्वारा सम्पादित समस्त सर्वेक्षणों के विधाता हैं!

नीचेः
हिमशिलाखण्ड से होकर लिया गया जलयान का एक दृश्य

उपसंहार

अंटार्कटिका में प्रथम भारतीय अभियान को भेजने से लेकर अब तक तीस वर्ष गुजर चुके हैं। इस अवधि के दौरान मोटे तौर पर प्रतिवर्ष प्रति अभियान की दर से अंटार्कटिका में इकतीस अभियान भेजे जा चुके हैं। वर्ष 2000 से गोवा से भारतीय अभियान को भेजना बंद कर दिया गया है। इस तरह बीसवें अभियान से आगे के सभी अभियानों में भारतीय अभियान के सदस्यों को हवाई उड़ानों द्वारा दक्षिण अफ्रीका में केपटाउन भेजा जाने लगा है तथा फिर वहाँ से अभियान दल जलयान द्वारा यात्रा करता है, जिसमें लगभग दस दिन लगते हैं। भारत का तीसरा स्थायी स्टेशन *भारती* को भी लार्समान पर्वत में वर्ष 2011-12 के दौरान स्थापित किया जा चुका है। अंटार्कटिका का हिमानी महाद्वीप, जिसे तीस वर्ष पूर्व हम एक रहस्य के साथ देखा करते थे, लेकिन अब यह हम भारतीयों के लिए इसके विस्मय और भय की रहस्य और भयावहता बहुत दूर जा चुकी है। इस महाद्वीप में भारतीय वैज्ञानिक पूरे वर्ष अतिसुविधाजनक स्थिति में रहते हैं और काम करते हैं और यहाँ तक कि शीतकाल के दौरान, जबकि तापमान -50^0 सेंटीग्रेड से भी नीचे गिर जाता है, भी वे अपने कार्यों में संलग्न रहते हैं। अंटार्कटिका हमारी पृथ्वी का सौन्दर्य से सराबोर अतिसुन्दर भाग है - जो अत्यधिक आशाजनक एवं लाभप्रद है- और इसलिए, हमारे और हमारी भावी पीढ़ियों द्वारा इसका अध्ययन करना अत्यावश्यक है। इसमें मानवजाति के लिए महानतम भविष्य सुरक्षित है। अभी तक हमें ऐसा कोई व्यक्ति नहीं मिला है जो एक बार अंटार्कटिका जा चुका है और फिर से जाने की चाह न रखता हो। वास्तव में यह उस निर्मल व परिशुद्ध महाद्वीप के प्रति उनका आकर्षण है और यह वास्तव में भूतपूर्व *दक्षिण गंगोत्री* एवं *मैत्री* तथा नवीनतम *भारती* के वशीभूत कर देने वाले प्राकृतिक परिदृश्यों के प्रति उनका सम्मोहन है - जो निःसंदेह प्रशांत, अविक्षुब्ध, पवित्र तथा चरम प्रेरणास्पद है।

आजकल अंटार्कटिका जाना अपेक्षाकृत सरल हो गया है। कोई भी व्यक्ति पर्यटक के रूप में 10-15 दिनों के लिए ध्रुवीय समुद्रीयात्रा द्वारा लगभग 7000 से

12,000 अमेरिकी डॉलर में या तो अर्जेन्टीना, चिली, ऑस्ट्रेलिया अथवा न्यूज़ीलैण्ड से अंटार्कटिका (प्रायः उपअंटार्कटिक क्षेत्रों में, न कि गहराई में अंटार्कटिका की मुख्य भूमि पर) जा सकता है। आप हवाई जहाज द्वारा अर्जेन्टीना जा सकते हैं और उसके बाद वहाँ से उशुआइआ या चिली में पुण्टा अरेनास या न्यूज़ीलैण्ड में क्राइस्टचर्च या ऑस्ट्रेलिया में तस्मानिया से पर्यटन जलयान ले सकते हैं। पहले न्यूज़ीलैण्ड से अंटार्कटिका में मेकमरडोसाउण्ड तक के लिए उड़ानें शुरू की गईं थीं, परन्तु एक हवाई दुर्घटना के बाद से ये सेवाएँ बंद कर दी गईं। आज, इससे सम्बद्ध कुछ प्रतिष्ठित ट्रेवल एजेंसियाँ, कम्पनियाँ हैं, जिन्हें इण्टरनेशनल एसोसिएशन ऑफ अंटार्कटिक टूर ऑपरेटर्स (आईएएटीओ) द्वारा मान्यता प्राप्त है, जिसने उनको अंटार्कटिका की यात्रा व पर्यटन का उत्तरदायित्व सौंपा है। अंत में हम आप सभी से यह सुझाव देते हुए अनुरोध करते हैं कि हम सभी मिलकर विश्व के इस महानतम भूखण्ड के परिरक्षण व संरक्षण करें, जिससे भावी पीढ़ियाँ प्रकृति के इस सुन्दर उपहार को विरासत के रूप में मानवजाति के लिए आगे तक ले जा सकें।

दक्षिण ध्रुवीय ज्योति - सुदीर्घ अंटार्कटिक रात्रि के दौरान अमण्डसन-स्कॉट दक्षिण ध्रुव स्टेशन में लिए गए इस फोटो के लिए एक पूर्ण चंद्र और 25-सेकण्ड का उद्भासन पर्याप्त था। पृष्ठभूमि में दिख रहा हरे रंग का प्रकाश ही दक्षिण ध्रुवीय ज्योति है।

सौजन्यः विकीपीडिया

क्या भीड़ है! क्या यहाँ कोई सभा है या सम्मेलन चल रहा है! सम्भवतः यह चेष्टा उन मानवों को बेदखल करने के लिए है, जो वहाँ जनसमूह बढ़ा रहे हैं और उनके अधिकारपूर्ण प्रदेश को बिगाड़ रहे हैं!

संदर्भिका

मोसले जिओफ (1986) *अंटार्कटिका, अवर लास्ट ग्रेट वाइल्डरनेस,* ऑस्ट्रेलियन कन्सर्वेशन फाउण्डेशन, ऑस्ट्रेलिया।

रीडर्स 'डाइजेस्ट (1985) *अंटार्कटिका ग्रेट स्टोरीज़ फ्रॉम द फ्रोज़न कान्टिनेंट,* सिडनी, ऑस्ट्रेलिया।

कासिम एस. ज़ेड. (1998) *ग्लिमप्सेस ऑफ द इण्डियन ओशन,* यूनिवर्सिटीज़ प्रेस (इण्डिया) लिमिटेड, हैदराबाद, इण्डिया।

साहू दीनबन्धु एण्ड पाण्डेय पी.सी. (2002) *एडवांसेज़ इन मेरीन एण्ड अंटार्कटिक साइंस।* एपीएच पब्लिशिंग कारपोरेशन, न्यू दिल्ली, इण्डिया।

शर्मा एस.एस. (1997) *सिटाडेल ऑफ आइस, दक्षिण गंगोत्रीः द फर्स्ट इण्डियन विंटरिंग इन अंटार्कटिकाः* न्यू एज़ इण्टरनेशनल, दिल्ली, इण्डिया।

www.coolantarctica.com

wikipedia.org/wiki/Antarctica

नासा, नेशनल जियोग्राफी चैनल, (मैप ऑफ अंटार्कटिका)

हुसैन, एम.एफ. (2011) सैयद ज़हूर कासिम, *द मैन, मिशन एण्ड माइलस्टोन्स* .... द्वारा मेहर फातिमा हुसैन, मानक पब्लिकेशन्स प्राइवेट लिमिटेड, पेज 110

मेक मर्डो साउण्ड स्टेशन का विहंगम दृश्य

अब अंटार्कटिका! अनुसंधान के नाम पर पूरी दुनिया के देशों द्वारा अनुसंधान स्टेशनों के स्थापित किए जाने से भीड़भाड़वाला क्षेत्र बनता जा रहा है। व्यापक बंजरता, विस्तृत खुले स्थानों और विरल जनसंख्या तथा ऐसी जगह जहाँ यदि आप रास्ता भटके तो हमेशा के लिए खो सकते हैं, अंटार्कटिका अब अपनी ऐसी अभूतपूर्व विशेषताओं के विलुप्त हो जाने के गम्भीर खतरों के कगार पर खड़ा है।

हम आप सभी से विश्व के इस महानतम भूखण्ड के परिरक्षण व संरक्षण करने हेतु सविनय अनुरोध करते हैं, जिससे कि भावी पीढ़ियाँ प्रकृति के इस सुन्दर उपहार को विरासत के रूप में मानवजाति के लिए आगे तक ले जा सकें।

अंटार्कटिका में दिन के समय का एक सिंहावलोकी परिदृश्य। मानवजाति इस अद्वितीय विशाल श्वेत मरूस्थल के सौन्दर्य को नष्ट न करे!

आभार

हम काफी समय से इस पुस्तक को लिखने का सोच रहे थे, हालाँकि पिछले वर्ष ही हम इसे स्वरूप प्रदान कर सके। इस पुस्तक को तैयार करने के दौरान हमने अनेक लोगों से सहायता व मार्गदर्शन प्राप्त किया। हम प्रोफेसर पॉल ए. ब्रॉडी, यूनिवर्सिटी ऑफ केण्टरबरी, क्राइस्टचर्च, न्यूज़ीलैण्ड द्वारा पाण्डुलिपि की सटीक समीक्षा, उनके द्वारा प्रदत्त बहुमूल्य सुझावों तथा कुछ सुन्दर फोटोग्राफों की भागीदारी के लिए उनके अत्यंत आभारी हैं। श्री माइक अशर, डॉ. प्रभु मातोण्डकर एवं मेजर जनरल एस.एस. शर्मा को हमारा हार्दिक धन्यवाद है क्योंकि वे सभी अनेक अभियानों में अंटार्कटिका गए हैं और उन्होंने पुस्तक के लिए कुछ महत्वपूर्ण चित्र प्रदान करके हमें अनुग्रहीत किया है।

हम डॉ. शैलेश नायक, सचिव, डॉ. एम. सुधाकर, सलाहकार तथा डॉ. एन. खरे, निदेशक, पृथ्वी विज्ञान मंत्रालय, भारत सरकार, नई दिल्ली द्वारा प्रदत्त वित्तीय सहयोग व बहुमूल्य सुझावों के लिए उनके आभारी हैं। हमारे परिवार के सदस्यों श्रीमती बिरजीस कासिम, सुश्री सीमी कासिम, डॉ. (श्रीमती) मीनाक्षी मुंशी साहू, श्री चैतन्य साहू तथा सुश्री अंचल साहू, जिन्होंने हमें समर्पण के साथ इस पुस्तक के लेखन हेतु अपना समय व स्थान हमें प्रदान किया, उनके असीम सहयोग व समर्थन के बिना यह पुस्तक का प्रकाशन सम्भव नहीं था।

हम, महासागर एवं पर्यावरण अध्ययन केंद्र के डॉ. किशोर कुमार और श्री संजीव गोयल तथा वनस्पति विभाग, दिल्ली विश्वविद्यालय, दिल्ली के अनुसंधानवेत्ताओं श्री सविन्द्र कुमार, श्री एम. अरुणजीत सिंह, सुश्री सालम सोनिया देवी तथा सुश्री प्रियंका वर्मा को उनके अथक प्रयासों व समयोचित सहयोग हेतु धन्यवाद देते हैं।

अंत में हम नियोगी बुक्स को हमारे सपनों को यथार्थ स्वरूप प्रदान करने के लिए धन्यवाद देते हैं।

अनुक्रमणिका